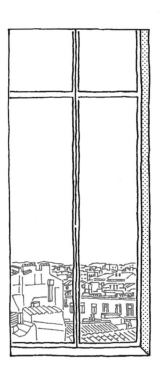

누군가와 함께한 여행은 오랫동안 기억에 남는다. 그 기억이 좋든 나쁘든 말이다. 여행에 동행인을 추가하는 것은 종종 콜라에 멘토스를 넣는 일과 비슷하게 굴러간다. 직당히 즐겁고 귀여운 사건을 오랜 시간 회자하며 공유하는 아름다운 추억으로 만들기도 하고, 약간 껄끄러운 정도의 마찰이 그 사람과의 관계를 불태워 버리는 마지막 싸움으로 번지기도 한다.

같이 떠나고 싶은 사람이 있다면, 아래 문항을 함께 채우며 서로의 성향을 파악해보자.
덤으로 이 책을 선물하거나 권해 보자.

비행기 편은▶	☐ 무조건 직항	☐ 환승도 괜찮아
일정은▶	☐ 부지런히	☐ 여유 있게
여행 계획은▶	☐ 미리미리	☐ 그때 그때 상황에 따라
체력은▶	☐ 튼튼해	☐ 자신 없어
걷기는▶	☐ 좋아해	☐ 피곤해
교통 수단은▶	☐ 저렴한 대중교통	☐ 택시 선호
외국어는▶	☐ 자신 있어	☐ 생존 외국어 정도
여행 비용 관리는▶	☐ 회비 걷어서	☐ 각자
식사는▶	☐ 맛집 탐방	☐ 되는 대로
숙소는▶	☐ 비싸도 좋은 곳	☐ 중저가로 적당한 곳
새로운 일행은▶	☐ 같이 놀자	☐ 어색해
대기 줄은▶	☐ 기다릴래	☐ 포기할래
레저 체험은▶	☐ 힘들어	☐ 하고 싶어
밤에는▶	☐ 나가야지	☐ 쉬어야지
클럽이나 파티는▶	☐ 신난다	☐ 피곤해
알코올은▶	☐ 좋지	☐ 별로
박물관, 미술관은▶	☐ 가고 싶어	☐ 관심 없어
쇼핑은▶	☐ 좋아해	☐ 그냥 저냥
현지 투어는▶	☐ 재밌어	☐ 지루해
개인 시간은▶	☐ 늘 함께	☐ 가끔은 따로

캣강구 씨의 에세이툰

서른살에
스페인

최 지 수

차례

"서른 살에는 하와이에 갈 거야."

하와이에 가고 싶다는 말을 달고 지냈었다.

왜 서른 살이고, 왜 하와이였을까?

이십 대 끝자락의 아쉬움을 어엿한 어른이 된 기분으로 덮으려 했다.

여기서 '어른'은 '서른 살'이었고, '어엿한'은 '자기 돈으로 하와이에 갈 수 있는 여유'였다.

종잇장보다 가볍고 판판한 논조를 명찰처럼 붙이고 다녔던 그해 12월.

친한 친구였던 성만이의 가슴팍에도 '회사 때려치울 거야'라는 명찰이 붙어 있었다.

말이 갖는 진정성과 상관없이 자주 반복했기에 단순한 인사가 돼 버리는 말이 있다.
성만이는 회사를 그만두겠다는 말을 인사처럼 했고,
나는, 회사 그만두면 스페인에 함께 가자는 말로 안부를 물었다.
성만이는 행동력이 강한 친구다.
그리고 해가 바뀐 1월, 성만이로부터 날아온 기쁜 소식에
1년 간 달고 다니던 서른 살 하와이론(論)은 아주 쉽게 떨어져 나갔다.
오래 품어 온 계획치고는 허무한 퇴장이었다.
그냥 그럴싸한 구실이 필요했을 뿐이었다.

2018년 1월, 성만이로부터의 전화

떠나기로 한
5월이 다가왔지만
일에 치여 살던 나는 여행
준비에는 손도 못 대고 있었다.
회사를 그만둔 성만이는
취미로 스페인어를
공부하고 있었다.

둘 다 스페인이
처음은 아니다.
나는 마드리드만, 성만이는
바르셀로나만 가 봤다.

나는 일본에 먼저 들러
1년 전에 이민 간 친구를
만난 후 스페인으로 향했다.
성만이는 인천에서, 나는 도쿄에서
각각 출발한 뒤, 경유지인
러시아에서 합류하기로 했다.

DAY
1

시작도 못 해 보고

"여행은 준비할 때가 가장 설레요."
반절만 맞는 말이다. 이건 흔들다리 효과다. 많은 정보를 소화하고 여러 선
택을 하며 결정을 내리는 데에서 오는 피로감을 설렘이라는 말로 어물쩍 넘
기려는 수작이다. 여행을 준비하는 시간 내내 나 혼자 올라간 흔들다리 위에
서 울렁울렁 멀미를 하다 보면 어느새 출국장이다.

나는, 성만이가 출국한
다음 날 출발했다.

비행기야, 뭐 혼자 탈 수도 있지.

이 비행기는

인천을 출발해

'그럴 수도 있지.
따로 도착한다고
별일이야 있겠어!'
그렇게 생각했다.

15

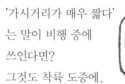 '가시거리가 매우 짧다'
는 말이 비행 중에
쓰인다면?
그것도 착륙 도중에.

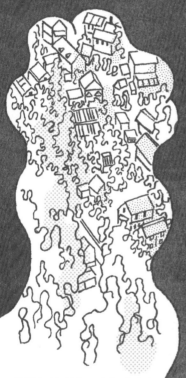

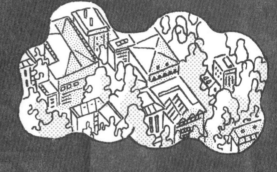

구름을 통과하고 나올 때마다
땅바닥이 한 움큼씩
다가와 있다. 사실 어디까지가
구름인지도 분간하기 어렵다.

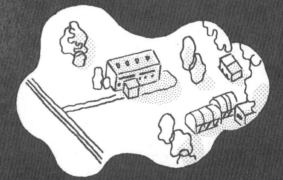

착륙할 때가 다 된 거 같은데 여전히 구름 속이다.
비행기에 발이 달렸나? 왜 계단을 내려가는 것 같은지.
그것도 아파트만 한 높이의 계단들을…

혼자 하는 비행의 단점을 하나 발견했다. 내 의지와 상관없이, 사랑하는 사
람에게 전할 마지막 말이 자꾸만 만들어지는 순간, 그 순간에 부정적인 상상
을 진정시켜 줄 누군가가 없다는 것.

종종 착륙하자마자 생환을 축하하기라도 하는 것처럼 승객들의 박수가 터져
나오는 비행이 있다. 하필 이번이 그랬다.

밤 11시가 넘어서야 짐을 찾아 나왔다. 늦은 시간이라 시내로
들어가는 방법이 번거롭지 않을까 걱정했지만 예상과 달리
마드리드 공항은 늦게까지 사람도 많고 환하게 불이 켜져 있었다.

공항에 연결된 지하철을 찾아가는 길.
두리번거리며 표지판을 보고 따라가다가 이내 사람들을 보고 쫓아가
기 시작했다. 티켓 발권기 앞에는 노란 조끼를 입은 역무원이 스페인
어와 첫 대면한 관광객들을 돕기 위해 대기하고 있다.

자정이 다 되어 가는 시간
의 지하철. 가장 두려운
대상인 취객들이 몰려다닌
다. 숙소는 번화가인 그란
비아 한가운데에 있다. 성
만이가 마중을 나오기로
했다.
"KFC가 보이는 쪽으로
나와서 통신사 건물 앞에
서 있어."
하루 먼저 와 있었다고,
자기 집 오는 길 알려 주
듯이 익숙하게 말한다.

그란비아

일면식도 없는 동양인에게 대뜸 말을 던지는 무례한 사람을 만나자 유럽에 온 것이 실감 났다. 다행히 처음이자 마지막 무례한 니하오였다.

문을 닫은 상점가와 큰 소리를 만드는 취객 무리가 위험한 분위기를 풍길 법도 하지만, 그 란비아의 자정은 그다지 위험이 느껴지지 않았다. 술집과 식당들은 막 저녁 장사를 개시 한 듯 붐비고 활기차다.

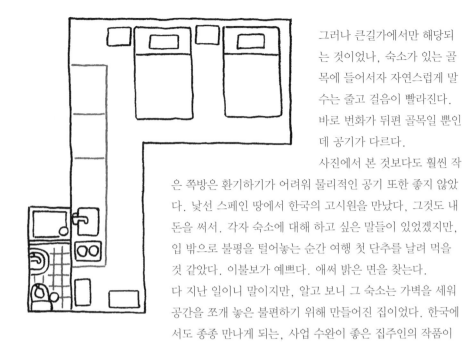

그러나 큰길가에서만 해당되는 것이었나, 숙소가 있는 골목에 들어서자 자연스럽게 말수는 줄고 걸음이 빨라진다. 바로 번화가 뒤편 골목일 뿐인데 공기가 다르다.

사진에서 본 것보다도 훨씬 작은 쪽방은 환기하기가 어려워 물리적인 공기 또한 좋지 않았다. 낯선 스페인 땅에서 한국의 고시원을 만났다, 그것도 내 돈을 써서. 각자 숙소에 대해 하고 싶은 말들이 있었겠지만, 입 밖으로 불평을 털어놓는 순간 여행 첫 단추를 날려 먹을 것 같았다. 이불보가 예쁘다. 애써 밝은 면을 찾는다.

다 지난 일이니 말이지만, 알고 보니 그 숙소는 가벽을 세워 공간을 쪼개 놓은 불편하기 위해 만들어진 집이었다. 한국에서도 종종 만나게 되는, 사업 수완이 좋은 집주인의 작품이다. 이렇게까지 사람 사는 모습이 다 비슷한가 싶다.

#
2

초 록 의 날

이른 아침, 어제 시간이 늦어 둘러보지 못했던 숙소 주변 골목 골목을 돌아
보았다. 조식을 파는 카페가 있어 간단히 아침을 해결하기로 했다. 6유로 정
도 가격에 언어가 올라간 토스트 한 쪽과 커피 한 잔, 오렌지 주스 한 잔이
나왔다. 이후 여러 카페들을 방문하며 알게 된 건데, 아침 식사 메뉴를 시키
면 커피와 오렌지 주스를 함께 주는 곳이 많더라.

1924년에 설립된 낭만주의 박물관이다. 1776년에 지어진 집을 박물관으로 만들었단다. 2009년에 한 번 리뉴얼되었다. 낭만주의 양식의 귀족 저택을 재현하고 있다.

성만이의 위시 리스트에 있던 곳들 중 하나였다.

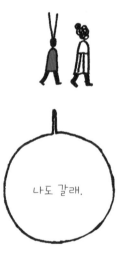

나도 갈래.

재밌을 거 같아서 나도 가기로 한다.

낭만주의박물관

Museo del Romanticismo

유선형과 원형. 둥글둥글한 가구들이 나란히 배치되어 리듬감을 만든다.

짙은 녹색 벽지와 무거운 갈색 원목가구가 공간의 색감을 단단하게 묶어 준다.

오래된 피아노의 형태가 재미있다. 멀리서 봐도
딱 음악을 만들어 내는 기구임을 알 수 있는
조형이 호탕하다.

어른용 침대에서 손을 뻗으면 닿을 거리에 작은
아기 침대가 놓여 있다. 동서고금을 관통하는
고된 육아의 흔적이다.

눈이 부시게 시원한 하늘빛과 흰색으로 가득찬
밝은 식당이다.

당구대와 점수판이 있다. 고상한 대화만 오가
진 않았겠지 싶다.

흑인 아이의 얼굴을 우스꽝스럽게 표현해 만든 테이블이 있다. 정성껏 만들었다는 점이 그 테이블을 더 낡아 보이게 했다. 창작물은 시간의 흐름을 붙잡아 놓는다. 그 점이 무섭다. 시간이 한참 지난 뒤, 다시 돌아본 내 작업도 어딘가 부끄러운 꼴을 할 것이다. 늘 염두에 두고 있지만, 어렵다.

정오가 가까워지자 해가 높이 떴다. 쨍한 햇볕에 일정은 자연스럽게 야외로 향한다. 박물관, 미술관이 아무리 좋아도 이런 날씨를 놓칠 만큼은 아니다.

초록색이 잘 어울리는 날씨다. 스페인 사람들에게는 일상이겠지만 여행자는 이런 날을 그냥 보낼 수 없다. 녹색을 잔뜩 볼 수 있는 곳을 찾아간다.

방역을 하는 시기인가 보다. 뭇 벌 나무들이 면사포처럼 모기장을 뒤집어쓰고 있다.

단체로 소풍 온 학생들이 많다. 식물원은 프라도 미술관에서 매우 가깝다. 학교 측에서는 얼마나 손쉽고 알찬 현장학습 스케줄일까! 하지만 우리의 학창 시절을 돌이켜 보면 "또 거기야!" 하고 불평하는 학생들이 있을 것이다.

Real Jardin Botanico

마드리드 왕립 식물원

카를로스 3세가 조성한 식물원이다. 다양한 꽃과 나무들을 볼 수 있을 뿐 아니라, 중앙에 위치한 건물에는 갤러리가 있는데 방문 시기에 따라 다른 기획전을 볼 수 있다. 대부분 식물원에 어울리는 작품으로 전시를 구성한다. 이곳에 올 때마다 가장 먼저 들르는 곳이 이 네모난 온실이다. 온실은 세 개의 방이 이어진 형태로 새로운 방으로 넘어갈 때마다 다른 습도와 식생을 만난다.

밤처럼 보이는 열매가 굴러다니길래 한 입 깨물어 보았다.

매우 떫고 밤일 리 없는 맛이었다.

아이리스는 종류가 많은 만큼 재미있는 이름이 많다. Hello Darkness라는 이름을 가진 꽃이 있다. 사람한테는 차마 해 보지 않은 꼰대 같은 불평이 나온다. "아니 이 좋은 날씨에 살면서 이름이 이게 뭐야!"

정원에서 얼마 떨어지지 않은 곳에,
아, 또 기차역이 있다. 초록 잔디밭
앞에 지어진 붉은 벽돌 건물은 파
란 하늘 밑에서 눈이 아플 정도
로 선명하다.

Estacion
de
아토차역
ATOCHA

스페인
공영 철도기업
Renfe가 운영하는 기
차역으로 수도권 근교 노선과
포르투갈 리스본을 잇는 장거리
노선까지, 마드리드에서 가장 큰
기차역이다. 성녀 아토차의 이름
을 땄다. 역 건너편에는 2004년
많은 사상자를 낸 폭탄 테러의 희
생자를 기리는 공간이 있다.

붉은 건물과 대비되는 울창한 녹색 나무들이 이국적인 분위기를 자아낸다. 우리 집 화분에서는 겨우 160센티 남짓하게 자라던 극락조화가 여기서는 천장을 뚫을 기세로 높이 자랐다.

2층 플랫폼으로 올라가는 길. 짐을 들고 바쁘게 움직이던 사람들도 한 번쯤은 걸음을 멈춰 여유로운 녹색에 시간을 빼앗긴다.

Buen Retiro Park

부엔 레티로 공원

마드리드에서 가장 큰 공원. 펠리페 2세가 영국의 튜더 메리 여왕을 위해 지은 곳으로 19세기 후반까지는 귀족만 출입할 수 있었다.

Palacio de Cristal

크리스탈 궁전

부엔 레티로 공원 가운데 자리 잡은 온실. 1887년, 필리핀 박람회 때 만들어졌
다. 철골 골조와 기단부를 제외하면 대부분이 유리로 만들어졌다. 현재는 전시 공
간으로 사용 중이다. 작년에 마드리드에 왔을 때에도 내부 수리 중이라 들어가지
못했던 곳이다. 이번에도 같은 이유로 굳게 닫혀 있다.
"아냐! 지금 들어가 봤자 숨 막히게 더울 거야. 에어컨 없는 온실인 거잖아."
괜한 소리나 하며 호숫가의 흑조들을 구경한다.

공원에는 고양이가 참 많다. 비둘기를 보며 엉덩이를 씰룩거리는 모양새가 사랑스러워 한참을 쳐다보았다. 귀여운 엉덩이춤은 사냥을 위한 준비운동이 었다. 고양이가 포식자라는 사실을 눈으로 확인했다.

오후 6시.
우리나라에서는 막 저녁 식사를 준비할 시간이다. 하지만 스페인의 6시는 매우 이른 시간이다. 미리 알아봤던 식당들 대부분은 영업 준비 중이거나 간단한 메뉴만 주문이 가능했다.
"제대로 된 식당이라면 6시에 열지 않지요!"
늦게 시작했어도 식사는 더 늦은 시간까지도 이어진다. 밤 9시에도 태연하게 저녁 식사를 하고 가라는 호객이 이루어진다.

DAY
3

마음의 준비

맛있는 음식을 사 먹는 것은 여행의 큰 재미지만, 나는 여행 중에 현지에서 직접 요리해서 먹는 것도 좋아한다. 우리나라에서는 비싸고 귀한 식재료가 현지에서는 싸고 손쉽게 구할 수 있는 경우도 있고, 특히 유럽은 장바구니 물가가 비교적 저렴한 편이라 적은 예산으로도 이것저것 잔뜩 만들어 먹을 수 있기 때문이다. 이번 여행의 첫 요리로 시금치 크림파스타를 만들었다. 그리고 이것이 마드리드에서의 마지막 요리가 되었다.

환기를 위해 창문을 열자 매캐한 공기가 좁은 방 안으로 밀려들어 왔다. 방의 단 하나뿐인 창문이 아침마다 물류트럭이 드나드는 주차장 골목을 향해 나 있던 것이다. 사람을 뱉어 내는 집은 스페인에도 있었다.

어제 방문했던 '낭만주의 박물관' 1층에 카페가 있었다. 기프트숍을 구경하다 언뜻 지나친 눈에도 아기자기한 분위기가 인상에 남아 아침에 잠깐 들르기로 했다.

파스텔톤 패브릭 커버의 동글동글한 의자, 하얗고 높은 천장. 낭만주의 박물관과 비슷한 결을 가진 카페다. 레드벨벳 케이크와 애호박 케이크. 카운터를 지키고 있던 점원이 자기가 직접 만든 레시피라며 자랑스럽게 소개했다.

일요일에는 북마켓이 열린다. 우리는 당연하게도 그쪽으로 발걸음이 향한다. 가격을 묻기조차 겁나는 오래된 고서적과 적당히 손때가 묻은 중고서적, 새 책이지만 할인된 가격표가 덧붙여진 책들이 있다.

5유로 가격표가 적힌 박스 안에 낡은 리플렛과 휴대용 지도들이 쌓여 있다. 성만이가 다른 가게들을 둘러볼 동안 나는 '여행지에서 우연히 구입한 예쁜 중고 물품 건지기'에 한참을 매달려 있었다.

Museo Nacional de
Artes Decorativas
국립 장식 미술관

1912년에 설립된 국립 장식 미술관은 설립 초기에는 디자이너와 기술자들을 위한 아카데미였다. 도시에서 가장 오래된 박물관 중 하나로 수세기에 걸친 장식품과 수입품들을 전시하고 있다. 아치 안으로 말려 들어가는 커다란 중앙 계단이 위압적이다. 나는 중앙 계단에 대한 로망이 있다. 이런 걸 집 안에 만들었다가는 분명 무서운 사건의 훌륭한 미장센이 될 것만 같다. 그럼에도 불구하고 갖고 싶은 그런 로망이다.

소장품은 낭만주의 박물관보다 방대하다. 하지만 관리 상태가 아쉬웠다. 어떤 방은, 우리가 들어온 것을 본 후에야 불을 켜 주기도 한다. 도록도 부실한 편이고 심지어 몇몇 책들은 재고가 없어 구입할 수 없었다. 이 많은 걸 머리에 넣고 가야 하다니, 안타까웠다.

Museo Nacional del Prado

프라도 미술관

세계에서 가장 큰 미술관 중 하나로 1819년에 개관한 국립미술관이다. 12세기부터
20세기 초까지의 스페인 왕실 수집품과 스페인 작가들의 예술품을 소장하고 있다.
프란시스코 고야의 컬렉션을 볼 수
있고 한때 피카소의 게르
니카도 전시되어 있었다.

커다란 미술관을 방문할 때는 마음의 준비가 필요
하다. 오늘은 날이 아니었다. 성만이를 들여보내
고 미술관 바깥 잔디밭에 자리를 잡았다.

큰 미술관 관람은 큰 힘이 필요한 법. 지금 저곳에 들어갔다가는 순식간에
모든 기력을 빼앗길 게 분명하다. 간당간당한 체력으로 미술관에 덤벼들었다
가 아무것도 머리에 담지 못한 채 기어 나온 경험을 여러 번 반복했다.
휘황찬란한 이미지의 홍수에서 살아남으려면 든든한 식사와 여유로운 정신
은 필수다. 아름다움을 감탄할 체력이 있을 때 다시 오기로 한다.

CAIXAFORUM MADRID

카이샤 포럼 마드리드

프라도 미술관 건너편, 붉은 벽돌 벽과 그 옆에 나란히 우뚝 선 커다란 초록색 벽이 눈에 띈다. 카이샤은행(Caixa Bank)의 후원으로 2001년에 설립된 미술관이다. 1900년대 발전소가 있던 장소에 지어진 건물로, 외벽의 붉은 외피는 당시에 발전소에서 사용하던 벽돌을 재활용한 것이다.

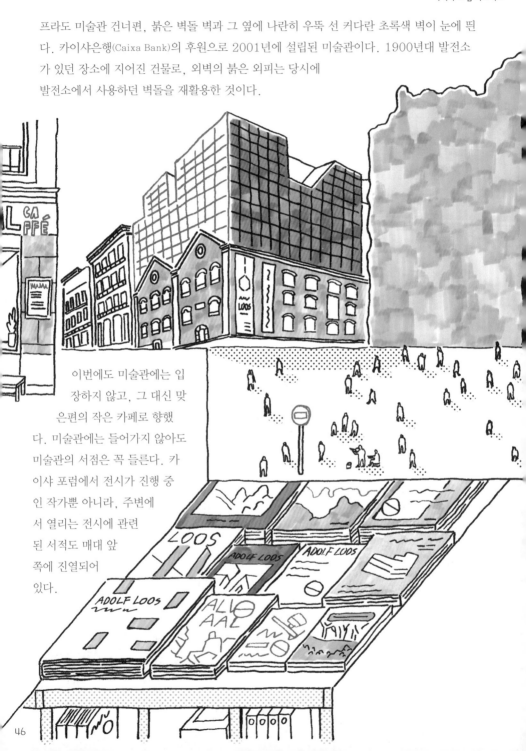

이번에도 미술관에는 입장하지 않고, 그 대신 맞은편의 작은 카페로 향했다. 미술관에는 들어가지 않아도 미술관의 서점은 꼭 들른다. 카이샤 포럼에서 전시가 진행 중인 작가뿐 아니라, 주변에서 열리는 전시에 관련된 서적도 매대 앞쪽에 진열되어 있다.

커다란 미술관 두 개를 뒤로 하고 케이크와 작은 책으로 도망쳤다.
가끔 그런 날이 있다. 몸에 들어간 당분과 카페인이 슬슬 제 몫을 하기
시작했다. 종일 달랑달랑 매달고 다녔던 책들을 이제야 펼쳐 본다.
작은 책 한 권 열어 보기가 이렇게나 힘든 날이라니.

몇 시간 뒤, 프라도 미술관에서
돌아온 성만이와 함께 카이샤
포럼 내부의 계단을 보러 갔다.
하얗게 일렁거리는 나선 계단은
내가 마드리드에서 가장 좋아
하는 장소다.

AYUNTAMIENTO
DE MADRID
마드리드 시청사

20세기 초에 지어진 신고전주의 양식의 건물로 우체국과 전화국 본부로 지어졌다가 2007년부터 시청사로 사용되고 있다. 건물 옥상 전망대와 6층에 있는 테라스 시벨레스(Terraza Cibeles)는 관광객이 많이 찾는 야경 스폿이다.

옆자리에 왜 펜스가 쳐 있을까, 궁금하던 차에 한 무리의 사람들이 우르르 들어왔다. 나와 성만이에게 관심을 보이며 한 사람이 말을 걸어왔다. 회사에서 단체로 여행을 왔다고 한다. 말투는 친절했고 나의 어설픈 영어를 천천히 경청해 주었다. 그런데 대화를 나누던 중 그 사람은 약간 인종차별적인 말을 건넸다. 전혀 예상치 못한 기습이었다. 아주 자연스럽게 흘려 넣어진 말은 따뜻한 인사와 함께 평화롭게 흘러가 버렸다. 이번에도 마음의 준비가 필요했다.

작년 마드리드 여행에서 저지른 큰 실수가 있다. 바로 태국 음식점 Pui's
Thai Tapas를 한 번밖에 가지 못한 것이다. 마드리드를 떠나온 후로 늘 아
쉬운 마음을 가진 채 지냈다. 그리고 드디어 추억의 장소를 다시 찾았다.
사실 전통 태국 요리에 가깝다고는 할 수 없는 맛이다. 하지만 맛있다. 작년
에 이곳에서 음식을 먹은 후 '식당 주변에 내가 유학 올 만한 대학교가 있을까'
하고 찾아볼 정도였다. 꽤나 진지했었다.

알고 보니 스페인에서는 밤 10시 이후에는 술을 팔지 않는다고 한다.
그럼 스페인 사람들은 정말 저녁에는 술을 살 수 없을까?

DAY
4

햇빛의 힘

눈여겨봐 두었던 카페에 왔다. 이곳의 메인 디저트는 '크레이프'다. 우리나라
에서 흔히 봐 왔던 과일과 생크림이 잔뜩 올라간 스타일을 기대했지만 예상
과 달리 간소하다. 건강에는 좋은 선택이었을 것이다.

환기가 어려운 숙소 환경 때문에 피부에 알레르기 반응이 일어나기 시작했
다. 눈 안쪽의 여린 점막이 부어올라 계속 눈물이 났고, 양 볼에서 목덜미 주
변까지 울긋불긋하게 발진이 일어났다. 어쩔 수 없이 나만 숙소를 옮기기로
했다.

패션에 관심이 많은 성만이는 의상 박물관에 간다고 했다.
별다른 계획이 없던 나는 날씨도 좋겠다,
박물관 근처에 있는 이스트 파크에 가기로 한다.
시내 중심에서는 다소 떨어진 곳이라 버스를 탔다.
처음 타는 스페인 버스에 조금 긴장했지만,
남은 정거장까지 상세히 알려 주는 구글맵의 도움으로
아무런 문제없이 도착할 수 있었다.
10년 전, 종이에 지도들을 프린트해서 한 묶음이나
들고 다녔던 첫 유럽 여행 때 기억이 새삼 떠올랐다.

그럼 이따 봐.

잘 놀다 와.

EL
MUSEO
DEL TRAJE

의상 박물관

2004년에 설립된 의상 박물관으로 스페인 전통
의상과 패션의 역사를 볼 수 있다. 웅장한 정원
과 현대적인 건축물로도 유명하다.

MUSEO DE AMÉRICA

아메리카 박물관

1941년에 설립된 아메리카 박물관은 고고학적 예술적 가치가 있는, 아메리카 대륙에서 가져온 소장품들을 전시한다.

버스 정거장에서 도보로 10분 정도 걸리는 거리에 공원이 있다. 차들이 쌩쌩 달리는 6차선 도로가 내려다보이는 산책로를 한참 걷던 중, 누군가 내게 길을 물었다.

나는 스페인어를 못 하고 그 행인은 한국어를 못 한다. 길을 묻고자 하는 간절함과 가르쳐 주고자 하는 의욕이 만나 국제적인 대화의 장이 된다. 결국 어떻게든 말하고 어떻게든 알아듣는다.

공원 초입이 생각보다 썰렁했다. 때마침 날씨도 갑자기 흐려져
을씨년스러운 분위기였다. 공원을 배경으로 한 불미스러운 사건
사고들이 떠오르며 몸가짐이 소심해진다.

하지만 걱정도 잠시. 원반 놀이를 하는 개들을 발견했다. 개들이 뛰어노는
건강한 풍경에 마음이 풀리자, 다시 길 가운데로 걸을 수 있었다. 그제서야
나무 사이사이에서 여유롭게 소풍을 즐기는 사람들이 눈에 들어온다.

'케이블카 타는 곳' 팻말에 관광객들의 발걸음이
이끌린다. 로렌조 마토티(Mattoti, 이탈리아 출신의
일러스트레이터, 만화가)의 그림에서 보던 둥글고 구
불구불한 나무들 위를 넘어 넘어 지나간다. 그
런데 이게 어디까지 가는 거지? 뒤늦게 지도 어
플을 확인해 본다. 케이블카는 단어 그대로 산
을 넘고 물을 건넜다. 케이블은 예상하지 못한
방향으로 멀리멀리 뻗어 있었다.

케이블카의 종착역은
서쪽으로 한참 떨어진
산 전망대였다.

도착한 곳은 마드리드에서 가장 큰 공원인 카사데캄포(Casa de Campo Park)
였다. 케이블카 정거장 건물은 카페테리아로 쓰였던 흔적이 있었으나 비수기
를 맞아 잠시 영업을 쉬는 중인지 폐점한 놀이공원처럼 어수선하게 테이블들
이 뒤엉켜 어수선한 분위기였다.

을씨년스러운 공기에 긴장을 늦추지 않고 밖으로 나오자 공원 내의 놀이공원
과 놀이터가 내려다보인다. 경사를 따라 구불거렸던 공원 풍경과 달리 넓게
펼쳐진 전망대 주변에서 사람들이 벤치에 누워 일광욕을 즐기고 있었다.

그 여유로운 자세는 지중해의 태양으로부터 만들어졌을 것이다. 내가 가져
본 적이 없는 것이다. 나도 비어 있는 벤치에 다리를 쭉 뻗고 누워 봤다.

'나 지금 여유롭나, 이상한 거 아니지?'

마음의 동요를 눈치챈 걸까. 잠깐의 낮잠은 담 걸린 어깨와 아프게 그을린
양 팔뚝만을 남겼다.

Palacia Real de Madrid

마드리드 궁전

찰스 3세부터 알폰소 13세까지 스페인의 왕들이 살았던 마드리드 왕궁. 3,000개기 넘는 객실과 아름다운 천장화가 특징인 왕좌의 방 (Salon de Trono), 꽃을 테마로 한 18세기 장식의 가스파리니의 방 (Salon de Gasparini), 웅장한 왕실 예배당, 스트라디바리(Stradivari, 이탈리아의 전설적인 바이올린 제작자)의 현악기 컬렉션 등으로 유명하다.

모든 구석구석이 너나없이 시선을 잡
아 끌자, 어디에 눈을 둬야 할지 모
르겠다. 테이블과 의자, 샹들리에와
모서리 장식, 촛대와 작은 손잡이 하
나까지 어느 한 곳도 쉬 넘기고 싶지
않은 욕심에 초조해진다.

권력을 공간으로 표현한다면 이런
느낌이지 않을까? 들어오는 사람에게
위압감을 주기 위해 만들어진 듯한 방
들이 계속해서 이어진다. 부조로 만든
벽의 무늬들은 강렬한 인상을 주는 것
을 넘어서 무섭기까지 하다.

번쩍거리는 궁전에 기운을 빼앗기고 나오니 밤거리가 더 춥게 느껴졌다.
실제로 갑자기 날씨가 더 추워지기도 했다. 지체할 것 없이 짐을 싸서 새로
예약한 호스텔로 짐을 옮겨 날랐다.

급하게 구한 호스텔은 이전 숙소에서 도보로 15분 정도 떨어진 곳이다.
공용 욕실을 써야 했지만, 청결하게 관리되고 있었고 조용한 분위기가 마음에 들었다. 방에 들어서자마자 큼직한 창문이 눈에 들어온다. 드디어 사람이 살 수 있는 곳으로 왔구나 싶어 안심했다. 짐을 정리하던 중 노크 소리에 방문을 열어 보니, 직원 둘이 올라와 라운지에서 샹그리아 파티가 있을 거라고 했다.
요즘은 투숙객들이 함께 어울리도록 권장하는 호스텔이 많다고 들었는데 여기도 그런 곳이었나 보다.

65

mercado san miguel

산 미구엘 시장

1916년 문을 연 식품 시장. 30여 개의 가게가 입점해 있는 이곳에서는 이베리아 햄과 갈리시아산 해산물, 바스트 지방의 치즈 등 스페인 요리의 다양한 요소를 만나 볼수 있다. 식재료부터 조리된 음식까지 다양한 가게가 모여 있기 때문에 장을 보기에도, 간단히 끼니를 해결하기에도 좋다. 물론 대부분의 사람들은 왁자지껄한 분위기속에서 술과 안주를 즐기러 온다.

철골과 유리로 만들어진 이 건물은 밤이 되면 등불처럼 반짝반짝한 빛을 뿜어낸다. 유리 외벽을 통해 바글바글한 인파를 볼 수 있었다. 쌀쌀한 날씨에 시달린 탓일까, 부대끼는 사람들 모습이 번잡하지 않고 따뜻해 보인다.

간단한 요깃거리인 타파스부터 달콤한 디저트와 과일까지, 인파에 이리저리 치이며 해결하는 식사가 편하다고는 할 수 없다. 하지만 시끄러운 소음을 뚫고 안주를 소리쳐 주문해 가며 먹는 나름의 재미가 있다.

안쪽에는 앉아서 먹을 수 있는 간이 테이블과 의자가 있긴 하다. 하지만 좀처럼 빈자리가 나지 않아 유리벽 근처에 서서 먹을 수 있는 구역으로 건너왔다. 이곳도 눈치 싸움이 치열하다. 조금만 빈 공간을 보였다간, 어느새 구석으로 밀려나 자리를 빼앗긴다. 결국 어렵게 차지한 자리를 지키기 위해서 교대로 번갈아 가며 음식을 사다 날랐다.

Day

5

나의 달력이 아닌 곳

급하게 숙소를 예약하던 중에도 습관적으로 조식 포함 옵션을 선택했더라.
역시 위장이 움직여야 잠이 깬다. 호스텔 조식은 무난했다. 단 빵, 안 단 빵,
따뜻한 스크램블 드 에그와 차가운 요거트, 커피와 주스.
'이 중에 내가 먹을 만 한 것이 하나는 있겠지' 라는 배려에 발맞춰 모든 음식
을 성실히 먹어 치웠다.

El rastro flea market

엘 라스트로 벼룩시장

라 라티나(La Latina) 지구에 위치한 500년 역사의 벼룩시장. 일요일에만 문을 연다. 시장의 규모는 마드리드 최대이다. 카스코로 광장(Plaza de Cascorro)을 중심으로 Plaza de General Vara del Rey와 Plaza Campillo del Mundo Nuevo까지 이어져 있다.

마켓 초입에서 파는 물건들에는 딱히 눈길이 가지 않았다. 뒤집어 보면 메이드 인 차이나 딱지가 덤덤하게 붙어 있을 게 뻔한 고만고만한 기념품들이다.

그렇게 큰 거 같지 않은데!

사람들에게 치여 슬렁슬렁 흘러가느라
앞을 멀리 내다볼 수도 없었다.
"마켓이 커 봤자 얼마나 크겠어."
안이한 생각으로 밀리면 밀리는 대로
걸어갔다. 몇 번이나 모퉁이를 돌고 갈
림길을 지났다. 안쪽으로 들어가면 조
금은 한산해질 것이라는 예상과 달리,
인구 밀도가 낮아지기는 커녕 좁아진
골목길로 인해 더 부대낀다.

마드리드 최대 크기가
맞다. 정말 크다. 가지처
럼 뻗어 있는 작은 골목 안쪽
까지 상점들이 이어져 있다. 내
리막길로 이어진 길목에 들어서자
까만 머리들로 가득 찬 길이 내려다보
이면서 개미 같은 인파를 실감할 수 있었
다. 저마다 각기 다른 가게에 발목들이 붙들
리느라 행렬은 더디게 움직인다.
"우리 여기서 헤어지면 그냥 포기하고 알아서
놀다가 끝나고 연락하자." 서로를 잃어버릴
것을 전제로 약속을 한다.

골목 안쪽으로
갈수록 파는 물건들이
다양해진다!

누가 찍었는지,
누가 찍혔는지 모를
사진들을 쌓아 놓고
팔고 있다.

누군가의
소중한 추억을
이렇게 사고팔아도
되는 걸까?

공예품, 의류 및 액세서리, 주방용품,
때 지난 헌 잡지, 골동품과 빈티지 가구.
용도를 알 수 없는 가전들이 많다.
2000년대 출생자가 벼룩시장에서
플로피디스켓을 만났다면
이런 마음이었겠지.

손잡이와 경첩 등.
인테리어 소품으로
쓸 법한 잡동사니들.

절대 집에 들여
서는 안 될 것 같
은 인형들.
이미 몇 번 버려졌다가 스스로 집
에 들어갔을 법한 모양새다.

마드리드에 도착한 후로
계속 궁금했던 것들이 있다.

붉은 꽃을 달고 있는
사람이 왜 이렇게 많은가?

드레스 코스를 맞춰 입은 무리들이 몰려다닌다. 취객이거나, 어떤 소속을 가진 사람들이라고
생각했다. 베레모가 유행인가? 특히 체크무늬 조끼와 함께 구색을 맞춘 사람이 많다.

아무리 비수기라고는
하지만, 문을 닫은 가게는
왜 이렇게 많은가?

도시 곳곳에 같은 포스터가 걸려 있다.
마요르 광장에 설치 중인 무대는 뭐지?

마요르 광장

매년 5월 15일경, 마드리드에서는 농부의 수호성인 산 이시드로 라브라도(San Isidro Labrador)를 기리기 위한 축제가 열린다. 콘서트와 공연, 퍼레이드 등 다양한 프로그램이 진행되며, 축제 의상인 츌랍보(Chulapo)와 츌랍바(Chulapa)를 입는다.

남성 의상인 츌랍보는 빠르뿌사(Palpusa)라는 전통 양식 모자와 체크무늬 조끼로 이루어져 있다. 츌랍바는 여성 의상으로 머리에 하얀 두건과 함께 붉은 꽃 코르사주를 달며 머메이드 라인의 알록달록한 드레스를 입고 위에 숄을 두르는 것을 말한다.

축제 기간 동안은 도시 곳곳이 시끄럽고 떠들썩하다. 특히, 산 이시드로 파크은 이름에 걸맞게 가장 많은 행사를 소화하기 때문에 늘 사람들로 붐빈다.

명절이면 많은 상점들이 문을 닫는 바람에, 많은 이들이 도시에서 갈 곳을 잃는다.
그래도 개중에 관광객들이 갈 수 있는 곳이 있다. 명절에도 영업을 하는 전통 음식 식당들이다.
관광객을 주요 고객으로 삼는 업종 특성상, 너무 관광객을 위한 곳이라는 느낌이 들기도 한다.
하지만 명절이라고 장사를 포기하는 나약함이 없는 곳이다.

줄을 선 사람들은
대부분 외국인이다.
마치 추석에 명동에
들어선 관광객이 된
느낌이다.

내부 인테리어는 약간
촌스럽다. 벽에는
지중해의 정취를 느
낄 수 있는 바다 벽
화가 있고, 테이블
위에는 테이블보 대
신 버석거리는 비
닐이 씌워져 있
다. 테이블 간
격은 매우 좁아
서 어떤 메뉴를
가장 많이 시
켰는지 둘러
보기 좋다.

갈리시아 요리

스페인에 오면 유난히 문어와 대구를 많이 먹는다. 이번에도 반사적으로 뽈뽀(Polpo)를 찾다가, 어제도 문어를 먹었다는 사실이 떠올라 감바스를 시켰다. 감바스는 조리법이 매우 간단하다. 스페인의 식재료는 워낙 훌륭해서 '이런 간단한 방법으로도 굉장한 요리를 만들 수 있지!' 라고 과시하는 듯한 조리법이다.

여행을 하다 보면 오늘이 무슨 요일인지, 며칠인지 잊고 있다가 불현듯 "오늘이 벌써 월요일이야!" 하는 소리를 하게 된다. 한국에서 정신없이 마감에 쫓기다가 "오늘이 벌써 월요일이야!"라고 말하는 것과는 분명하게 다른 느낌이다.

day

6

기억의 모습

성만이가 묵고 있는 숙소와 내가 새로 옮긴 호스텔 중간쯤, 눈길을 끄는 브런치 카페가 있다. 아침 메뉴로는 다소 부담스러울 수도 있는 햄버거를 주문했다. 기대와는 조금 다른 매우 건강한 구성의 햄버거가 나왔다.
그럼 그렇지.

성만이는 마드리드 위시 리스트 중 한 곳인 소로야 미술관에 가기로 했다.
나는 이시드로 축제가 한창인 산 이시드로 파크에 가기로 한다.

산 이시드로 파크는 입구부터 축
제 분위기로 들떠 있다. 축제의 상징 카네
이션 코르사주와 빠르뿌사(Palpusa 전통 모
자), 각종 군것질거리를 파는 가게들이
줄지어 있다.

스페인식 도너츠
로스끼야스(Rosquillas)를
파는 곳이 많다.
다양한 아이싱을 껴 입어
알록달록하다.

아직 준비 중인 천
막들도 많았다. 밤
에 성만이와 한 번
더 와야겠다고 생각
했다.

전통 의상을
갖춰 입은 사람들

안쪽에 더 싸게 파는 가게가 있을 것이 분명했지만, 그냥 맨 처음 가게에서 코르사주를 몇 개 샀다. 뻔뻔하게 머리에 꽃을 달 수 있는 기회는 흔치 않기에 마음이 조급해졌다.

강연과 워크숍 등 다양한 프로그램들이 마련되어 있다.

방송국 중계차가 와 있다.
정말 큰 행사이긴 한가 보다.

저녁에 콘서트가 열릴 모양인지 무대 설치 중이고 리허설도 한창이다. 무대 앞을 차지한 최고의 관객은 소풍 나온 어린이들이다. 체육복을 맞춰 입은 아이들이 스탠딩석을 장악했다. 뮤지션들은 프로답게 호응을 유도한다.

길게 이어진 줄을 따라가 봤더니 마드리드식 빠에야를 나눠 주고 있었다.
'그러고 보니 아직 빠에야를 먹지 않았지!'
호다닥 줄 뒤로 (그러나 너무 달리는 것처럼은 보이지 않게) 걸어갔다.
방송국 카메라와 리포터가 보인다.
당연히 나에게는
말을 걸지 않는다.

San Isidro Park

산 이시드로 파크

공원 여기저기 같은 접시를 든 사람들이 식사를 하고 있다.
단체로 소풍을 나온 기분이다. 한가로움과 들뜸이 적당히
어우러져 쿵짝거리고 있는 거대한 소풍이다.

낮과는 확연히 다른 분위기다. 상점들은 번쩍거리는 네온사인을 켰고, 고기 굽는 냄새와 지글대는 기름 소리가 진동한다. 사람들의 웃음소리에는 알코올이 섞여 있다.

한가하게 둘러볼 수 있을 만큼 한적하던 거리는 사람들로 가득 차서 간판 끄트머리와
그 앞을 가로막은 사람 머리만 겨우 볼 수 있다.

사방이 연기로 자욱한 길목에 들어섰다. 커다란 그릴을 돌려 가며 육해공 각종 고기들을 굽고 있다. 메뉴판은 빽빽한 표 안에 깨알 같은 글씨로 적힌 스페인어뿐이다. 주문은 눈치껏 한다. 앞사람이 무엇을 시켰는지, 저 사람이 들고 가는 저게 대체 무엇인지 유심히 살펴본다.

돼지인지 닭인지 정도만 분간하고 간신히 주문했다. '원래 여행지에서는 우연히 일어나는 사건들을 즐기는 거지.' 그렇게 저녁은 주는 대로 먹었다.

이거, 이거랑요!

저거, 저거요

굳이 연기와 마주하는 언덕배기
에 앉아 밥을 먹는 사람들이 많
았다. 사람이 모이는 데에는 이
유가 있을 거야. 경사진 잔디밭
에 앉았다.

우리가 받아 든 요리는 빠에야와
치킨 반 마리. 나는 분명 돼지를
시켰다고 생각했는데….

접시를 쏟지 않을 자세를
찾느라 한참을 뒤척이다 고개를
드니 눈앞에 펼쳐진 마드리드
전경 너머로 저물어 가는
노을이 눈에 들어온다.

낮에는 분명 이런 곳이 없었다. 공원 한구석에 놀이공원이 생겨 났다.
놀이공원에 마지막으로 가 봤던 게 언제인지 까마득했다.
처음 와 보는 낯선 공간에서 자꾸 간질간질한 그리움이 들려온다.
나의 어떤 추억은 놀이공원의 불빛으로 남아 있나 보다.

DAY
7

힘을 빼기 위해 힘쓰는

어쩐지 지난 밤 달달한 상그리아가 술술 넘어가더라니. 호스텔 청소 시간이
다 되도록 침대에서 일어날 수가 없었다. 술병이 났더라도 밥은 먹어야지.
구글맵을 닦달해 국물 요리를 먹을 수 있는 식당을 찾아냈다. 평점이 나쁘지
않은 라멘집이었다. 기름지고 묵직한 국물에 산초를 잔뜩 부어 마시자
"으어!" 하는 소리가 반사적으로 나온다.

오후가 돼서야 만난
성만이도 나와 비슷한
상태였다.

한국이었다면 절대 밖
으로 기어 나오지 않았
을 테지만, 여행자로서
방에만 누워 있기에는
날씨가 너무 좋다.

의무감에 가까운 의지
로 걷고는 있다. 하지
만 정신은 저만치 떨
어져 두세 걸음 늦게
따라온다.

숙취에 좋은 음식이
뭐가 있지?

탄수화물? 설탕?
매운 음식?

아, 마라탕
먹고 싶다.

"그러고 보니 너 아침은 먹었어?
나는 먹었는데 왜 배고프지. 이것
도 숙취인가."

"어디서 들었는데, 기름진 탄수화
물이 알코올을 분해한다더라."

"나 생각나는 거 있어!"

CHOCOLATERIA
5 ○ SAN GINES ○ 5

AÑO 1894

Chocolateria San Ginés

산 히네스

1894년부터 영업하기 시작한 카페.
추로스와 핫 초콜릿으로 유명하다.
카운터 너머로 지글지글 끓는 기름과
쉼 없이 튀겨지는 추로스 반죽이 보인다.

늘 사람이 많아, 양손에 접시를
가득 쌓은 웨이터들이 바쁘게 돌
아다닌다. 서비스가 친절한 편은
아니지만 두툼한 스페인식 추로
스를 맛보기에는 괜찮다.

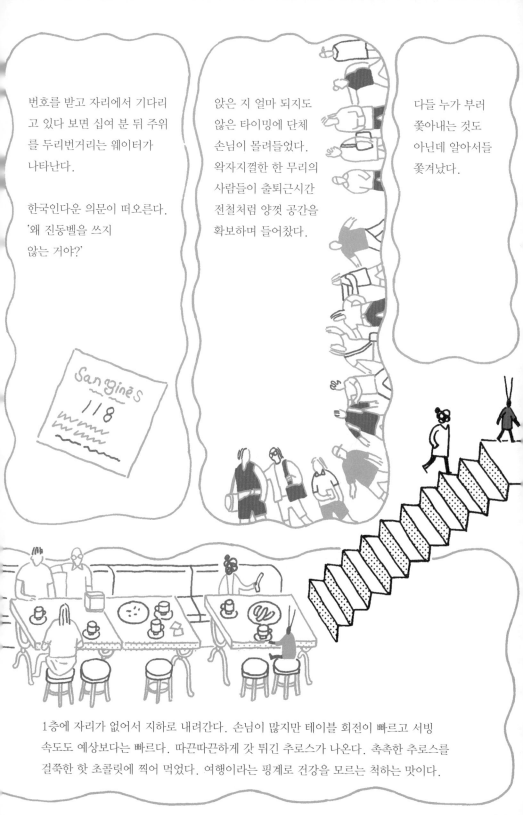

번호를 받고 자리에서 기다리고 있다 보면 십여 분 뒤 주위를 두리번거리는 웨이터가 나타난다.

한국인다운 의문이 떠오른다. '왜 진동벨을 쓰지 않는 거야?'

앉은 지 얼마 되지도 않은 타이밍에 단체 손님이 몰려들었다. 왁자지껄한 한 무리의 사람들이 출퇴근시간 전철처럼 양껏 공간을 확보하며 들어찼다.

다들 누가 부러 쫓아내는 것도 아닌데 알아서들 쫓겨났다.

1층에 자리가 없어서 지하로 내려간다. 손님이 많지만 테이블 회전이 빠르고 서빙 속도도 예상보다는 빠르다. 따끈따끈하게 갓 튀긴 추로스가 나온다. 촉촉한 추로스를 걸쭉한 핫 초콜릿에 찍어 먹었다. 여행이라는 핑계로 건강을 모르는 척하는 맛이다.

성만이와 나 둘 다 체력이 한계에 부딪쳤다. 계획에 따라 이곳저곳을 걸어 다니고는 있다. 말 그대로 그저 걸을 뿐이다. 어떤 감상도 없이 풍경들이 스쳐지나간다. 무엇을 더 보거나 먹어서 해결될 상황이 아니었다. 아무것도 할 수 없는 날이라는 사실을 인정할 때가 왔다. 아직 해도 안 졌는데! 하지만 사실, 스페인은 해가 '너무' 길긴 하다.

숙소로 돌아가 잠시 눈을 붙였다.
한숨 자고 일어났더니 몸이 개운해졌다. 오늘은 축제 마지막 날이라 산 이시드로 파크와 천문대 공원에서 불꽃놀이를 한다. 그중 천문대 공원이 비교적 가까웠다. 천문대가 있는 역이라 역사 내부를 우주선처럼 꾸몄다.

출구를 잘못 찾아 인적이 드문 골목으로 나왔다.

나 보험 안 들었는데…

을씨년스러운 분위기에 달리듯 걷는다. 다행히 길을 헤매는 나와 같은 처지의 사람들을 만났다.

왜 이렇게 사람이 많이 안 보이지 생각보다 작은 행사인가?라는 의문이 들때쯤,

공원으로 들어가는 길은 커다란 다리로 이어진다. 겨우 다리의 절반을 넘어가는 시점에 저 멀리서 폭죽 소리가 들린다. 불꽃놀이 시작 5분 전이었다. 그제서야 사람들을 헤치며 허겁지겁 달리기 시작한다.

펑

저 멀리 기대했던 인파를 발견했다. 안정적인 소속감을 느끼며 행렬에 합류한다.

그 많은 사람들 중에서
뛰는 사람은 나뿐이었다.
내가 '한국인은 성질이 급하다'
라는 편견을 강화하고 있나?
다들 불꽃놀이 보러
온 거 아니야?
그럼 부지런히 달려야지!

뒤늦게 도착한 잔디밭은 예상보다 여유로웠다.
마드리드는 인구가 적은 도시인가? 사람들이 불꽃놀이에 관심이 없나?
서울에서 열리는 불꽃놀이와는 사뭇 다른 분위기에 어리둥절하다.

주변 사람들을 따라 이런 분위기에 익숙한 사람처럼 잔디밭에 드러누웠다.
원래 이런 거 할 줄 아는 사람처럼.
힘을 빼기 위해 힘쓴다.

DAY

8

운전 3개월 차에 사고가 난다

아무 일정도 계획도 없는 날 아침. 꼭 이런 날 알람이 울리기 전에 일찍 일어
난다. 미리 신청한 조식을 과감히 포기하고 밖으로 나돌았다. 출근하는 사
람들을 지나치며 아침 식사가 가능한 식당을 찾고 있으니, 더 여행자 기분이
난다. 발이 가는 대로 걷던 중, 한국에서는 만나기 쉽지 않은 층고의 카페가
눈에 띄었다. 아침 메뉴로 '두부 키쉬'가 있다. 실험적인 이름에 이끌려 주문
해 보았다. 놀랍도록 정확히 감자전 맛이 났다.

2000년에 문을 연 시각예술 서적 전문 서점.
'판타 레이'는 '만물은 유전한다'는 뜻이다.
예술, 사진, 디자인, 그래픽노블, 어린이 그림
책 등등 시각예술에 관심이 있는 사람들에게는
방앗간이 될 만한 곳이다. 주변의 소소한 전시
회나 작은 공연 안내 리플릿이 비치되어 있어
현지 예술가들의 활동을 파악하기에도 좋다.

판타 레이

며칠 전부터 꾸준히 방문하려고
시도했던 서점이다. 산 이시드로
축제 기간 내내 영업을 하지 않아
번번이 실패했었다. 다행히
마드리드에 머무는 마지막 날
문을 열었다.

매장 안에 강아지가 있다는 사인이 붙어 있다. 복실한 큰 개 한 마리와 사람을 살금살금 올려다보며 다니는 작은 강아지 한 마리가 있다. 책보다 개에게 더 관심을 보이는 나에게 서점 주인이 말을 건다.

"그 아이 이름은 '두아'예요."

"그럼 다른 친구 이름은 '리파'겠네요."

한심한 농담이었다. 다행히 내 말을 듣지 못한 눈치였고 강아지 이름은 '리로이'였다.

Escuelas Pías de San Fernando

산 페르난도 자선학교

1729년에 마드리드에 설립된 첫
번째 대학교의 도서관이다. 처음에
는 학교 내의 예배당으로 지어졌다.
남북전쟁 초기에 많은 부분이 파괴
되어 유실되었지만, 중앙의 거대한
돔과 기둥에서 예전의 모습을 찾아
볼 수 있…

다고 하나, 내부 공사 중
으로 들어갈 수 없었다.

여기도
이러네.

비수기
잖아.

비수기의 딜레마다.
사람이 적은 시기에는 한
적하고 느긋하게 관광을
할 수 있지만, 이럴 때
각종 보수공사를 하고
싶어하는 관리인들과
이해관계가 충돌한다.

다이소처럼
온갖 생활용품을
저렴하게 파는
가게가 있다.

포주엘로(Pozuelo)역 주변은 시내 중심부에서 조금 떨어져 있다. 비교적 한산하고 아기자기한 상점과
주택 단지가 있는 동네다. 그란비아 같은 큰 쇼핑가보다 저렴한 식당과 잡화점이 많다. 주택단지와
놀이터에서 생활감이 느껴진다.

내가 만약 마드리드에서 살게 된다면 매일 보는 풍경이 이런 거겠지.
마드리드에서의 '생활'이 상상되는 동네다. 아이들의 뛰어노는 소리,
편한 차림으로 시간을 보내는 사람들.
관광지에서 멀어진 것이 실감 난다.

걱정과는 달리 마드리드의 치안은 좋았다.

꼭꼭 앞쪽으로 돌려 매던 가방이 슬슬 느슨해지고

사람이 부대끼는 만원 전철에서도 설렁설렁 핸드폰을 주머니에
던져 넣는 여유를 부린다.

그리고 이런 심경의 변화를 나보다도 먼저 눈치채는 사람들이 있다.

익숙해진 틈을 귀신같이 잡아내는
전문 직종의 솜씨였다.

운전 3개월 차에 사고가 나는 법이다.

CÍRCULO DE BELLAS ARTES

마드리드 예술서클(CBA)

다시 시내 중심부로 돌아왔다. 관광객들의 품으로 돌아오니 마음이 놓인다. 건물 4층의 전망대가 마드리드 시내를 조망하며 노을을 보기에 좋다는 이야기를 듣고, 지는 해를 쫓아 부랴부랴 뛰어갔다. 역시 사람들의 생각은 거기서 거기였다. 입장을 기다리는 줄이 너무 길었다. 관광객은 높은 곳을 좋아한다. 노을을 바라보는 것 말고 노을을 등에 지고 걷는 것도 낭만이라고 스스로를 설득하며 걸음을 옮겼다.

CBA라고도 불리는 이곳은 소규모 예술가 집단들이 모여 1880년에 설립한 사립 문화센터이다. 시각예술부터 문학, 철학, 영화와 공연까지 다양한 활동을 지원하는 문화 공간이다.

마드리드의 마지막 끼니. 며칠 전 방문했던 태국 음식점에 다시 왔다. 접시를 핥지 못하는
문명사회의 시민이라 슬펐다. 여행을 하면 할수록 '마지막 날'을 대하는 태도가 달라진다.
다시 못 올 거라고 생각했던 장소에 언젠가는 다시 인연이 닿는다. '마지막 날', '진짜 마지
막 날', '진짜 마지막 날 최종'. 마지막이라는 이름을 붙이는 건 쉬운 일이 아니다.

DAY

9

배고픔은 솔직하다

그라나다로 이동하는 날이다. 새벽 첫 전철을 탔다. 무거운 캐리어와 가방을 이고 지는 도시 간 이동에는 탄수화물이 필수다. 무사히 기차표 발권을 마치자 의무감에 잠시 자리를 지켜 줬던 제정신이 슬슬 다시 잠자리로 기어 들어간다. 샌드위치와 과일 주스에 협조를 요청해 보지만 쉽지 않다.

기차를
타고

버스로
갈아탄 뒤

그라나다역 앞에서
택시를 탔다.

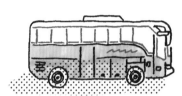

그리고 숙소 앞에
도착하고 나서야
가방을 두고
왔다는 걸
눈치챘다.

호스트에게 기차역
사무실에 문의 전화를
걸어 달라고 부탁한다.

전화로 안내 받은
메일 주소로
분실물을 신고한다.

한국에 전화하여 가방
안에 들어 있는 카드를
정지시킨다.

진정하고 호스트에게
숙소 안내를 마저 받는다.

위로도 받는다.

초조하게 기다린다.

분실물을 찾으러 오라는
전화를 받고 기뻐한다.

뛰쳐나간다.

분실물을 찾으러
왔다고 말한다.

담당자 안토니오 씨를
기다린다.

안토니오!

안토니오~

안토니오!

어떤 가방인지 자세히
묘사한다.

본인 확인차, 가방 안의 내용물이 무엇인지 묻는다.
가방만 돌려받을 수 있다면 가방을 결제할 때 쓴 신용카드 비밀번호까지 알려 줄 기세로
가방에 대해 알고 있는 모든 것을 쏟아 낸다.

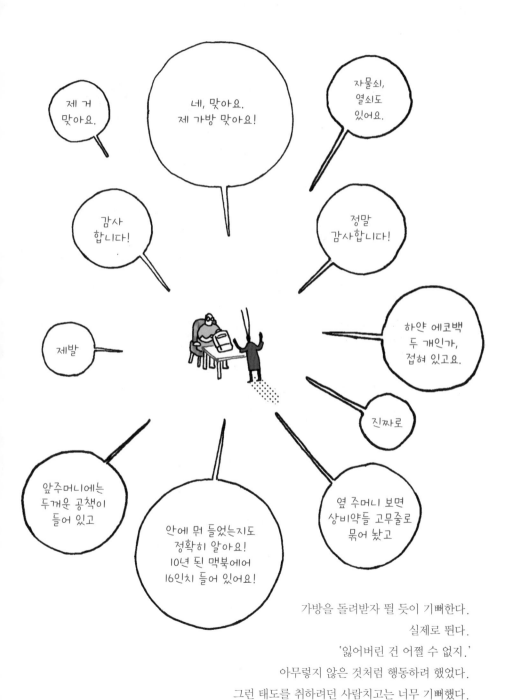

가방을 돌려받자 뛸 듯이 기뻐한다.
실제로 뛴다.
'잃어버린 건 어쩔 수 없지.'
아무렇지 않은 것처럼 행동하려 했었다.
그런 태도를 취하려던 사람치고는 너무 기뻐했다.

팔랑거리는 발걸음으로 역을 나오자 배고픔이 밀려왔다. 드디어 요리하기 좋은 숙소도 만났겠다, 마트에서 장을 보기로 한다. 배고픔은 거짓말을 못한다. 둘이 들어도 무거울 정도로 장바구니가 묵직해졌다.

환기가 잘되고 채광이 좋은 넓은 창문,
높은 천장, 깨끗한 벽과 바닥 마감, 2층으로
분리된 침실과 거기에 딸린 수압이 강하면서
물줄기가 부드러운 샤워기까지.

한 가지 단점이
라면 도심에서 조금 멀다
는 점이지만, 하루 종일 뒹굴어도
좋을 정도로 마음에 들기에 문제가 되
지 않았다. 숙소 자체가 여행의 목적
지가 될 수 있는 곳들이 있다.

커다란 위기를 무사히 넘기자 아드레날린이 넘쳤다.
하염없이 이어지는 높은 계단도 씩씩하게 오른다.
골목골목마다 이슬람식 장식으로 꾸며진 건물들이 있다.
여기저기 강아지와 고양이들이 많다.

Mirador de San Nicolas
산 니콜라스 전망대

알함브라 궁전과 그라나다 전경을 조망할 수 있는 전망대. 골목길과 계단이 구불구불 얽힌 알바이신 언덕을 따라가다 보면 사람들이 열심히 오르내리는 계단 길이 보인다.

이 정도 언덕을 산이라고 해야 할까? 산의 날씨처럼 알바이신 언덕의 하늘색은 시시각각 바뀐다. 분명 쨍했던 하늘 한구석에 묵직한 구름들이 뭉치더니, 당연히 빈손으로 올라온 사람들 머리 위로 소나기를 쏟아부었다.

비를 피하기 위해 들어간 식당은 전망이 좋았다. 전망대 자릿값이 넉넉히 포함된 칵테일을 마시며 빠르게 움직이는 구름을 구경했다. 개미처럼 돌아다니는 여행 일정에서 드물게 풍류를 즐기는 순간이었다.

비는 기세와 다르게 금방 그쳤다. 그라나다는 소나기가 자주 내렸다. 기타 케이스를 갈무리하고 잠시 나무 밑에 앉아 있던 거리 연주자가 익숙하게 다시 악기를 세팅한다. 비에 쫓겨 성급하게 언덕을 내려갔다면 아쉬울 뻔했다. 하늘이 다시 뻔뻔하게 밝아졌다.

넘치던 기운이 알코올과 함께 가라앉자, 급격히 체력이 바닥났다. 씩씩하게 올라왔던 계단이 도저히 돌아갈 수 없는 천리만리가 되었다. 다행히 숙소 근처까지 한 번에 가는 버스가 있다. 버스 뒷자리에서 죽은 듯이 잠든 채 실려 내려갔다.

숙소로 돌아와 고열량의 저녁을 한 상 차려 먹었다. "오늘은 일찍 자자."
분명 그렇게 말했으나 맥주와 연어, 치즈와 고기를 끈질기게 집어 먹으며
새벽까지 웃고 떠들었다.

좋아하는 사람과 이야기를 나누고 있으면, 이야깃거리가 소진되기는커녕
불어나는 것이 느껴진다. 즐거운 감정에 목이 막힌다. 새벽이 되어서야 슬슬
자리를 정리했다. 이런 밤에는 재빨리 잠에 들어야 한다. 길고 들뜬 대화는
부끄러움을 남길 확률이 높다. 내가 무슨 말을 했는지 뒤돌아보기 전에 빨리
잠들어야 한다.

DAY

10

알람이 | 없는 잠

설거지와 요리 중에 하고 싶은 것을 고르라면 요리를 고른다. 운 좋게도 성
만이는 설거지를 고르는 사람이란다. 마음 놓고 아침부터 팬에 기름칠을 잔
뜩 한다. 배고픔을 기준으로 채워 놓았던 냉장고 안에는 없는 재료가 없다.
요리 방송의 출연자가 된 기분을 느끼며 커다란 새우 살을 듬뿍 올린 파스타
를 만들었다.

Casa Museo Max Moreau

막스 모로 생가

벨기에 예술가 막스 모로(Max Léon Moreau)가 살던 집이다. 카사 카르멘 (Casa Carmen)은 과수원 혹은 정원을 갖춘 집을 말한다. 이름처럼 이곳에도 아담한 뒤뜰이 있다.

붉은 지붕과 어울리는 오렌지 나무들이다. 알바이신의 여느 집들과 마찬가지로, 기하학적인 무늬의 타일로 바닥과 벽을 장식했다. 가파른 언덕의 경사를 활용하여 1층과 2층 사이를 평지처럼 연결했다.

우리 다음으로 도착한 소규모
한국인 패키지 투어 일행.

네?

저기요.

한국어로
어떻게
인사해요?

안녕하세요!

이슬람 양식의 별 모양 분수대.
여행을 하다 보면 종종 '이건 내 집에 두고
싶다'는 욕심이 드는 것들이 있다.
미니어처 기념품이라도 팔면 좋을 텐데.
아쉬운 마음에 분수대 주변만 빙빙 돌았다.

오늘 일정은 오전에 막스 모로 생가를 들른 뒤, 점심을 간단히 먹고
알함브라 궁전에 가는 것이었다.

…이었다. 그랬었다. 그러나 왕궁 내부는 온라인으로 미
리 예약을 하거나 아침 일찍 와서 수량이 한정되어 있는
표를 사야 했다. (정원은 예약 없이 입장이 가능하다.)

우리
못 들어가?

LA ALHAMBRA

이번 여행은
유난히 즉흥적인
맛이 있다.

빨리빨리!

한 자리
남았대!

돌아와서 알아보니, 여행 카페에 실시간 예약 현황이
공유될 정도로 예약이 치열했다. 아무 생각 없던 우리
는 하마터면 여기까지 와서 알함브라도 못 보고 갈 뻔
했다. 다행히 떠나기 전날 마지막 시간대 표가 딱
한자리 남아 구입에 성공했다.

누에바 광장(Plaza Nueva)과 비브 람블라 광장(Plaza Bib-Rambla)를 잇는 좁은 골목에 위치한 그라나다 최초의 중동 지역 상점가이자 무어(Moorish)풍의 실크마켓이다. 골목 입구부터 느껴지는 강한 향신료와 가죽, 목재 냄새는 이미 낯선 곳을 더 데면데면 하게 만든다.

낮에 날이 아무리 좋았더라도 저녁에는 꼭 비가 오기로 약속했나 보다. 또 소나기가 내린다. 비를 피해 눈앞에 보이는 카페에 들어갔다. 관광객을 위한 인테리어라는 인상을 준다. 관광객인 우리는 만족했다. 콘센트도 넉넉했고 커피와 케이크도 맛있었으니까.

숙소 한가운데에는 작은 마당이 있다. 1평짜리 중정을 둘러싼 거실은
빗소리를 들으며 누워 있기 딱 좋다. 아직 날이 밝을 때 돌아와 밤까지 계속
먹고 졸고를 반복했다. 먹다, 졸다, 그림 그리다, 이야기하다,
시간이 마냥 지나가게 비켜 서 있었다.

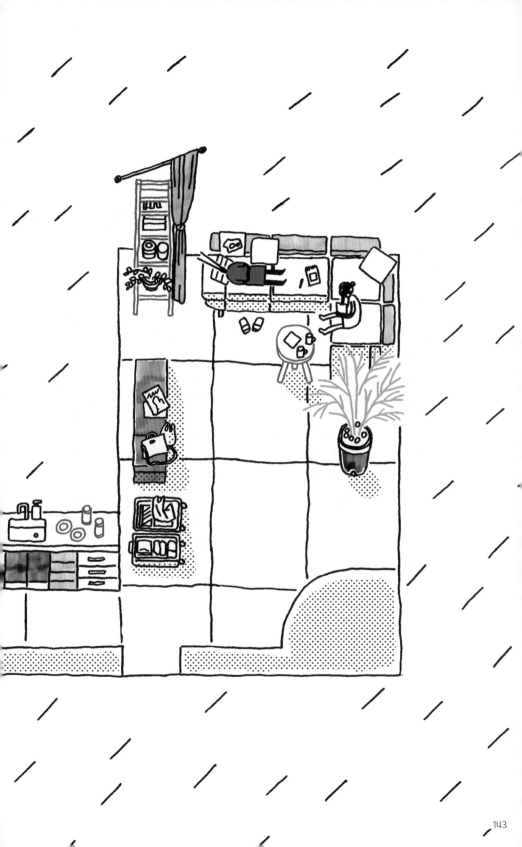

알람이 없는 잠은 오랜만이다.

"나에게 게으름을 피우는 여행은 적성에 맞지 않는다."

이런 말을 잘도 해 왔구나. 자고 싶은 만큼 자고 일어나고 싶을 때 일어나는
것이 싫을 리가 없다. 오늘도 하나 마나한 소리를 한다.

Day

11

소리를 잊는 시간

부지런히 식재료를 소비하고 있지만, 이걸 다 먹어 치우고 바르셀로나로 떠날 수 있을지 슬슬 걱정이 되기 시작한다. 그라나다 2일차가 되도록 외식 한번 하지 않았다. 여행의 주요 목적 중 하나가 현지 식당 탐방인 나에게는 매우 이례적인 일이다. 오늘 아침도 설거지하는 사람 마음을 제쳐 둔 채 스테이크와 연어를 팬에 올린다.

한번 몸에 붙은 게으름은 다시 제자리로 돌아가지 않는다. 빈둥거리며 오전을 보내고 나서야 느지막이 밖으로 나섰다. 저녁에 알함브라 궁전 관람 외에는 계획이 없었다. 여행자의 도리로 뭐라도 해야 할 것 같아서 일단 나왔을 뿐이다.

아침 겸 점심으로 먹은 고기들이 소화될 때까지 되는 대로 걸어 보기로 한다. 오늘도 한낮에는 날씨가 좋다. 목적지가 없다 보니 지도를 볼 필요가 없다. 손 안의 구글맵으로 향해야 했던 집중력이 갈 곳을 잃었다. 그 대신 온갖 사사로운 것까지 들여다보게 된다

산책에서 돌아오는 길.

위장을 비우기 위한 산책이 끝나 가자, 다시 간식거리로 눈길이 간다.

골목길 안쪽. 작은 베이커리에서 괴물 같은 크기의 마시멜로를 팔고 있다.

당연히 사 왔다. 이런 건 여행 중이라는 핑계가 아니고는 먹어 볼 수 없다.

쫄깃한 식감과 목젖을 조이는 단맛이 강렬하다. 심지어 시럽을 넣어 만든

이탈리아 머랭인 것 같았다. 한국에 돌아가면 정말 건강하게 먹어야겠다.

치과 검진을 한번 받아 보고 스케일링은 꼭 하자.

잠시 반성의 시간을 갖는다.

숙소로 돌아오는 길에 들르려던 성당이 닫혀 있다. 무슨 성당이 브레이크

타임이 있지? 예수님도 성모 마리아님도 스페인에서는 *시에스타를 즐기는가

보다. 다시 문을 열 때까지 기다릴까 생각도 잠깐 했었지만 오늘은 게으른

날이라고 나도 모르게 정했다. 성만이도 같은 생각이었는지 둘 다 미련 없이

발길을 돌렸다.

오늘도 같은 시간에 소나기가 내린다. 이 시간에는 비가 오기로 작정한 것이

맞다. 설탕 덩어리를 잔뜩 퍼먹고 낮잠을 잔다. 정말 무서운 일탈이다.

*시에스타 : 지중해 연안 국가와 남미 나라의 낮잠 자는 풍습

거리만 따지자면 알함브라 궁전은 시내 중심에서 그렇게 멀지는 않다.
다만 오르막을 올라야 하는 번거로움 때문에 많은 사람들이 버스를 탄다.

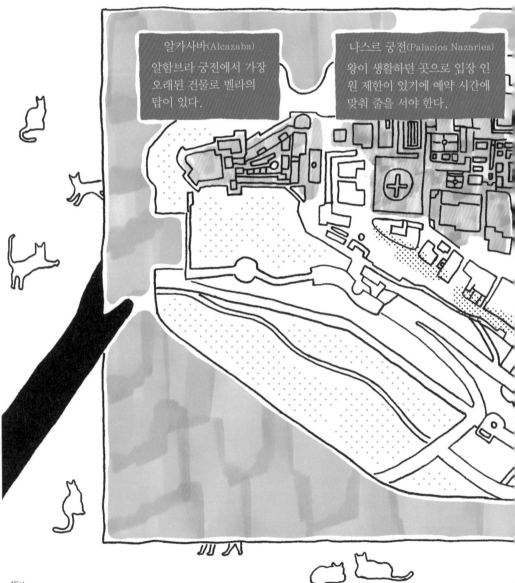

알카사바(Alcazaba)

알함브라 궁전에서 가장 오래된 건물로 벨라의 탑이 있다.

나스르 궁전(Palacios Nazaries)

왕이 생활하던 곳으로 입장 인원 제한이 있기에 예약 시간에 맞춰 줄을 서야 한다.

The Alhambra

알함브라 궁전

13세기 후반 스페인 마지막 이슬람 왕조의 궁전인 알함브라는 유네스코 세계문화유산
으로 지정되어 있다. 아라비아어로 '붉다'는 뜻으로 성 외벽의 붉은 색채를 말한다.
매끈하게 장식된 대리석 바닥과 아라베스크 세공, 천정 장식과 타일아트 등.
모든 방에서 이슬람 장식 예술의 아름다움을 경험할 수 있다.

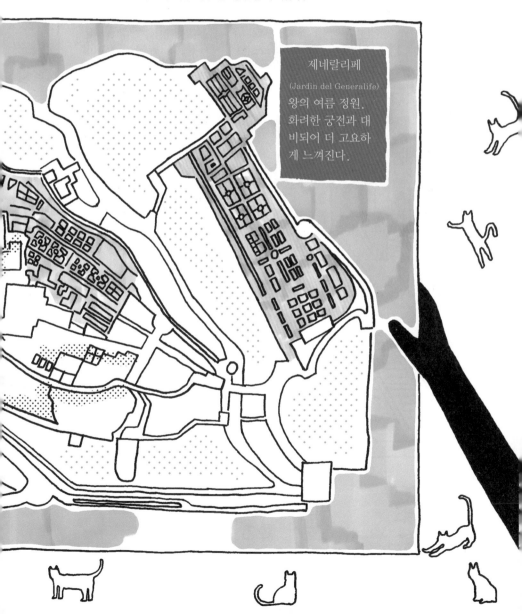

제네랄리페

(Jardin del Generalife)

왕의 여름 정원.
화려한 궁전과 대
비되어 더 고요하
게 느껴진다.

Patio de los Arrayanes

아라야네스 중정

알함브라로 검색하면 대표 이미지로 나오는 곳
이다. 중앙의 직사각형 연못에 비치는 반듯한
풍경으로 유명하다.

네모 반듯한 원근감이 많은
사람들을 무릎 꿇게 만든다.
이 각도의 사진을 건지려면
궁전 앞에 납작 엎드려 경의를
표해야 한다.

노을이 지는 시간대에 맞춰서 오기를 잘 했다. 사람들로 붐비는 와중에도 고요하다는 착각을 하게 만드는 빛이 들어온다. 사자들이 빙 둘러 받들고 있는 분수대에게 안뜰 중심부를 양보한 사자의 중정. 분수대에서 흘러나온 물길이 사방으로 뻗어 있다. 중정 안쪽은 출입을 통제하고 있다. 사람은 들어갈 수 없는 커다란 여백, 그 안을 따뜻한 노을색이 차지한다

나무숲처럼 빽빽한 기둥들의 그림자가 하얀 대리석 바닥 위로 정갈한 줄무늬를 만든다. 그림자마저 아라베스크 양식과 결이 맞는다

'이건 사진으로 담을 수 없겠구나.'
욕심과 아쉬움으로 카메라를 들이대 보지만 눈으로만 담아야 한다는 걸 안다.

Bar Hopping

그라나다 바 호핑

그라나다의 식당에는 술을 시키면 타파스를 무료로 제공
하는 문화가 남아 있다. 그래서 많은 사람들이 술집을 옮겨
다니며 여러 술과 타파스를 맛보는 '바 호핑'을 한다.

추천 받은 식당이 아직 영업 준비 중이었다. 일단 옆집으로 갔다.
여기서 가볍게 한 잔만 하고 원래 가려던 식당으로 이동할 생각이었다.

맥주와 상그리아를
한 잔씩 시켰다.
타파스로는 고기 조림이
나왔다. 익숙한 맛이다.

곁들여 주는 타
파스만 먹기는 아쉬워 작은
요리도 하나 주문했다. 아보카도와 달걀
이 올라간 바게트 토스트와 샐러드.
빵 위에 얇게 발린 토마토소스가 별미다.

아쉬운 마음에 시험 삼아 시킨 요리가 너무 훌륭했다. 곧 있으니 사람들로 가게가 가득 찬다. 우연히 걸려든 맛집인 것 같았다. 메뉴판의 다른 요리들도 궁금해졌다.

차가운 페스토 파스타 요리.
가운데에는 따뜻한 수란이 들어 있다.
견과류 맛이 진한 소스와의
조합이 훌륭하다.

두 번째 잔의
타파스로 나온
아란치니.
리소토를 뭉쳐 튀긴 요리로,
쉽게 말하면 크림밥 고로케다.
한국인에게 익숙한 맛이다

스테이크와
구운 야채. 묵직한 아보카도
디핑소스와 함께 나왔다.

설렁설렁 걸어오는 길. 늦은 시간까지 불이 켜진 아이스크림 가게가 보인다.
술에 취하면 꼭 아이스크림이 먹고 싶더라. 비가 부슬부슬 내리는 밤, 우산
없는 사람들이 잘도 아이스크림을 먹으며 걷고 있다. 우리도 마찬가지였다.
취한 사람의 입에는 그게 그거다.
아이스크림에 물 탄 듯, 물에 아이스크림 탄 듯.

DAY
12

도시의 유령

바르셀로나로 이동하는 날이다.

여전히 깜깜한 새벽, 고요한 길거리에 캐리어 끄는 소리가 유난히 크게 울려 민망하다. 버스를 타고 가다가 기차로 갈아탄다. 새로 지은 것처럼 보이는 기차역은 깨끗했지만 사람이 많지 않아 휑하다.

바르셀로나행 기차를 기다리며 아침 식사용으로 사 놓은 과자를 먹었다.

카탈루냐 자치 지방인 바르셀로나는 우리가 흔히 떠올리는 '스페인'의 이미지가
강한 도시다. 나쁘게 말하는 사람들은 더럽고 정신없다고 하지만 좋게 말하는 사람
들은 활기차고 재미있는 곳이라고 한다. 범죄에만 연루되지 않는다면 재미있게
놀다 오기 좋은 도시라는 의미라고 생각한다. 개인적인 의견이다.

BARCELONA-SANTS

바르셀로나 산츠역

전철 말고
택시 타자.

저기
택시 타는 곳
있다!

여기요!

소매치기로 유명(?)한 바르셀로나에 입성
하자 건방지게 옆구리로 돌아가 있던 가방
을 앞으로 고쳐 맨다. 그라나다에서 워낙
풀어진 몸가짐으로 지내 오던 터라 배로 긴
장되기 시작했다.
여행 초기로 돌아간 마음가짐이 되었다.

TAXI

여기 밑에 써 있는
주소로 가 주시면

되는…

처음 타 본 바르셀로나 택시는 여러모로 엄청났다. 바르셀로나는 도시 구획이 곧게 정리된 것으로도 유명하다. 반듯하게 뻗은 도로들은 속도를 중요시하는 택시기사들의 소중한 영업장이다. 스페인어로 "천천히 가 주세요"를 어떻게 말하는지 검색하게 된다.

검색 결과가 채 나오기 전에 목적지에 도착했다.

1882년 완공이 아니라 1882년부터 짓기 시작한 곳이다. 2026년에는 완공이 될 거라는 루머(?)를 들은 적이 있으나, 글쎄다. 가우디의 걸작이며 유네스코 세계문화유산 중 하나다. 정면의 커다란 세 개의 파사드(건물의 면)는 각각 성경의 내용을 담고 있다. 가까이서 하나하나 들여다보면 다 다른 이야기를 보여 준다. 빽빽하게 조각된 부조들이 쏟아질 듯이 부대끼는 모습이 압도적이다.

TEMPLE EXPLATORI DE LA SAGRADA FAMÍLIA

사그라다 파밀리아 성당

성당 맞은편 공원. 호수와
성당이 조화롭게 보이는
포토 스폿이 있다.

여기서
한국인들
다 만나겠다.

이번 여행에서는 의외로
한국인을 많이 못 만난다 싶었는데.
다들 여기에 모여 있었나 보다.

어,
갯강구?!

비슷한 시기, 바르셀로나에서
여행 중이라는 화신 작가의 소식을
들었다. 기회가 되면 바르셀로나에서
만나자는 막연한 약속을 했었다.

화신
작가님?!

이게
무슨일
이래요!

와 진짜
신기하다!
설마 했어요!

언니,
아는
분이야?

화신,
네 친구야?

우리 오늘
막 도착
했어요!

같이
저녁
먹을까요?

정말로 한국인은 여기에 다 모여
있었다. 순조롭게 어떠한 편견을
강화하는 일에 보탬이 되었다.

169

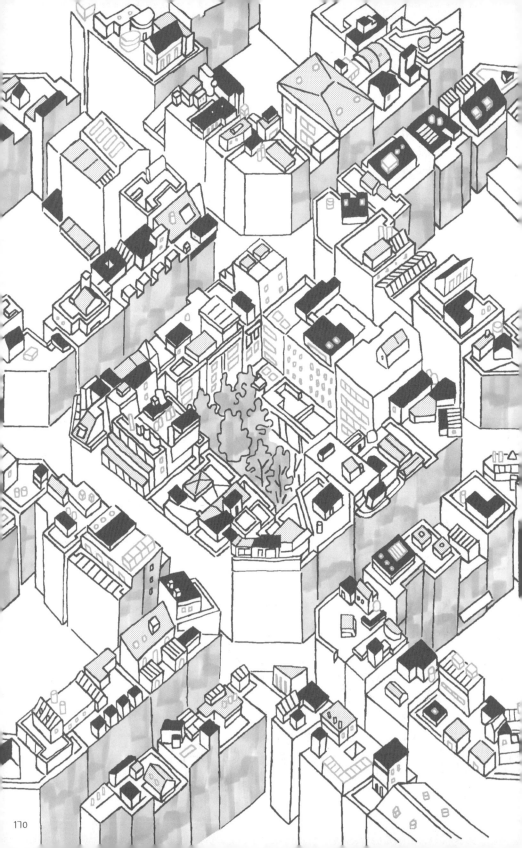

여전히 무계획으로 지내던 그라나다의 템포 속에 아직도 있었다. 바르셀로나 첫날 또한 아무런 계획 없이 흘러가고 있었다.

기분 탓인가, 길거리가 휑하다.
지나다니는 사람도 몇 명 보이지 않고,
문을 연 가게도 별로 없다.

도시의 유령이 된 기분이다.
아니면 유령도시거나.
지나치게 조용한 도시는 내가 이방인이라는 사실을 더욱 상기시킨다.

갑자기 춥고 외로워졌다. 당장 한식이 먹고 싶어졌다.

추운 마음을 달래 줄 고춧가루와 쌀밥이 시급했다. 외국에 여행 나와서 한식만 찾는 그런(?) 사람처럼 보일까 봐, '오늘은 한식당에서 식사하자'고 말을 꺼내는 게 괜히 쑥스러웠다.

짧은 변명을 하자면, 가끔은 마음이 시켜서 김치를 먹어야 하는 날이 있다. 도보로 20분 거리에 있는 한식당에 찾아가 김치볶음밥과 냉면을 먹었다.

DAY

13

ㅂㅏㄷㅏ는 ㅂㅏㄷㅏ

모눈종이에 그린 것처럼 가지런히 나 있는 바르셀로나의 골목길을 걷다 보면
여기가 거기인지, 거기가 여기인지 분간이 어렵다. 하지만 그중에는 몇 번
마주치지 않았음에도 눈에 남는 곳들이 있다. 길모퉁이에 있던 이 작은 카페
가 그랬다.

창가 밖에 앉아 있던 백인 할아버지와
카페 사장님이 별안간 언성을 높였다.
알아듣지 못한다 해도 가벼운 일이
아니라는 것쯤은 알 수 있었다.

삿대질까지 하던 할아버지는 이내 씩씩거리며 자리를 떴다. 그제
서야 우리는 사장님에게 설명을 들을 수 있었다. 관광객처럼 차려
입은 이 할아버지는, 아내를 기다리는 중이라고 하며 잠시 창밖 벤
치에 앉아았다고 한다. 우리는 당연히 가게 안에 있으니 안전할 것
이라고 생각했고, 그 틈을 타 창문 사이로 우리의 가방을 훔치려고
했다는 것이다. 우리가 마음을 놓았던 데에는 상대가 백인 할아버
지라는 이유도 분명히 있었다.

Plaça de Catalunya

카탈루냐 광장

바르셀로나 시내 중심지. 백화점과 쇼핑몰로 둘러싸여 늘 붐비는 곳이다. 1929년 바르셀로나 국제 박람회 개최를 위해 조성되었다. 쇼핑 거리로 유명한 그라시아 거리(Passeig de Gràcia)와 람블라스 거리(Las Ramblas)와도 이어져 있어서 하루에 한 번씩은 지나치게 되는 곳이었다.

여기서부터는
정말 정신 바싹
차려야 한다.
깨알 같은 인파를
보며 결의를
다졌다.

진짜 없어!

밑에 한번
뒤집어 봐.

모두 비슷한 생각을 하고 있다.
사람들은 각양각색의 방법으로
스스로를 지키고 있었다.

내 핸드폰
너한테
있어?!

맥도날드
다시 갔다
올게.

몇몇은 이미 일이 일어난 듯하
다. 망연자실한 얼굴로 주변
을 두리번거리고 있다. 국적
과 나이를 불문하고 비슷한 표
정들이다.

골목 안쪽의 상점가.
특이한 소품을 파는 편집숍, 빈티지
의류, 직접 만든 물건을 파는 공방 등
아기자기한 상점들이 줄지어 있다.
평소라면 광장 못지 않게 인파가
몰려야 하는 길이다.
사람들로 붐벼야 할 길이 한적하다
못해 조용하다. 철문이 내려진
가게들 사이, 열려 있는
선글라스 가게를
발견했다.

언니, 선글라스
필요하지?

여긴 열어서
다행이다.

오순절이라서
그래요.

내일 바닷가에서 쓸 선글라스를
하나 골랐다. 계산을 하다가
사장님에게 왜 이리 문 닫은 곳이
많은지 물었다. 오순절이라 가게
들이 문을 열려면 며칠 더
있어야 한단다.

근처에 대학이 있다. 그 때문인가, 스케이트를 타는
사람이 많다. 그 사이로 간간이 대마초 냄새도 난다.

창의적인 메뉴가 많아 무슨 맛일지 가늠하기 힘들었다.
스무디 하나, 아사이볼 하나, 비건 초콜릿 타르트 하나를 주문했다.
익숙하면서 뭔지 모르겠는 맛이다. 오미자와 홍시를 섞은 맛이 나는
스무디가 나왔다. 맛있다는 말이 바로 나오지는 않지만,
확실히 건강해지는 맛이다.

여기 엄마랑 같이 오고 싶다.

나도 그 생각하고 있었어.

대학가가 맞긴 맞다.
슬슬 앉고 싶어지던 차에,
넓고 쾌적해 보이는 카페를
찾았다. 메뉴판을 보니
비건 카페였다.

BARCELONETA BEACH

밤의 바르셀로네타 해변

화신 작가와 밤바다를 보러 바르셀
로네타 해변에 왔다. 밤의 바르셀로네
타는 거대한 클럽 거리가 된다. 해변을
따라 이어진 번쩍번쩍한 클럽들은 홍대를
떠올리게 만든다. 다른 점이라면 그늘진 곳
에 있다가 불쑥불쑥 튀어나와 마약을 파는
사람들이 있다는 점이다.

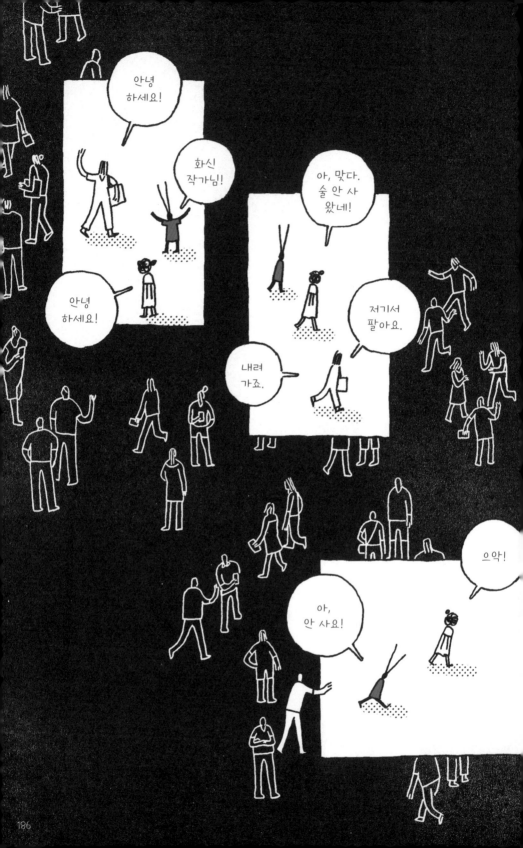

187

시끄러운 클럽과 멀어지니 다시 익숙한 바다 풍경이다.
어둠 속에서 규칙적으로 오가는 파도는 지구 어디에서나 익숙하다.
그곳이 어디든 내가 알고 있는 장소로 만들어 준다. 언제 어디서 만나도 구면인 큰 물.
결국 모두가 한 행성에 어떻게든 붙어 있다는 위로가 된다. 바다는 어딜 가도 바다다.

DAY

14

열심히 건강하게

사그라다 파밀리아 성당 앞에 아기자기한 카페가 있다. 목 좋은 자리에 너무
나 사랑스럽게 자리 잡은 카페는 오히려 신뢰를 떨어뜨린다. 속는 셈 치고
들어가 보니 역시 관광객들이 쉽게 낚이는 카페였다. 시세보다 약간 비싼 커
피와 그저 그런 빵이 나온다. 어쩌겠냐, 나 역시 관광객이 맞는걸.

Barceloneta Beach

낮의 바르셀로네타 해변

낮의 바르셀로네타 해변은 어젯밤과는 180도 다른 분위기다. 형형색색 네온
조명 대신 강렬한 햇빛으로 눈이 부시다. 선글라스를 사길 잘했다.
삼삼오오 모여 해변가로 소풍 가는 가족들과 강아지를 산책시키는 사람들,
건강하게 땀 흘리며 운동하는 사람들. 밤과는 다른 활기로 시끄럽다.

아직 6월도 채 되지 않은 시점. 햇볕은 따갑지만 바닷물은 또 다르다.
바다에 들어가기에는 조금 이르지 않을까 싶었다.
웬걸, 해변에 내려와 보니 이미 몇몇 사람들이 물에 둥둥 떠 있다.

내가 바다를 좋아하지 않는 이유가
그제서야 기억났다. 소금물의 찝찔한
느낌, 발끝에 스치는 해파리. 개인적
인 이유를 차치하고서도 아직 수영하
기에 적합한 온도가 아니었다.
비슷한 기세로 들어갔던 사람들도
하나둘 도로 뭍으로 올라왔다.
다들 일광욕만 하는 이유가 있었다.

바닷가에는 운동하는 사람들이 많았다. 무리 지어 달리다가 갑자기 둥글게
모여 근력운동을 한다. 운동의 중요성과 건강한 삶의 아름다움에 관한 영상
자료를 보는 것 같다.

'나도 운동하고
싶어지네!'라고

넓은 팬에 꾹꾹 눌린 쌀 위로 쌓여 있는 해산물. 한국인에게 익숙한 이미지다. 볶음 요리를 먹고 난 뒤 그 양념을 살려 만든 우리식의 볶음밥이 생각난다. 맛은 더 담백하다. 기름이 덜 들어가고 중간에 물에 끓여 가며 익히는 과정으로 조리하기 때문인 듯하다.

어느 레스토랑을 가든지 싱싱한 올리브를 아낌없이 준다. 스페인에서 맛있게 먹은 것 중 하나가 이 통통한 올리브들이다.

생각하며 빠에야와
맥주를 먹으러 갔다.

애피타이저로 마늘과
토마토 스프레드, 올리브 오일을 올린
바게트를 시켰다. 간단해 보이는 레시피에서
예상치 못한 풍부한 맛이 난다.

197

'벙커'로 불리는 이 해발 262m 위의 전망대는 과거에는 실제로 벙커의 기능을 했다고 한다. 스페인 내전 동안 바르셀로나를 방어하기 위한 군사 장소였지만, 지금은 관광객들이 맥주병을 들고 열심히 기고 오르는 피크닉 명소가 되었다.

구글에 경로를 물어보니, 가깝지는 않지만 "이왕 온 김에 가 보자"라고 한다면 갈 만한 거리라고 한다.

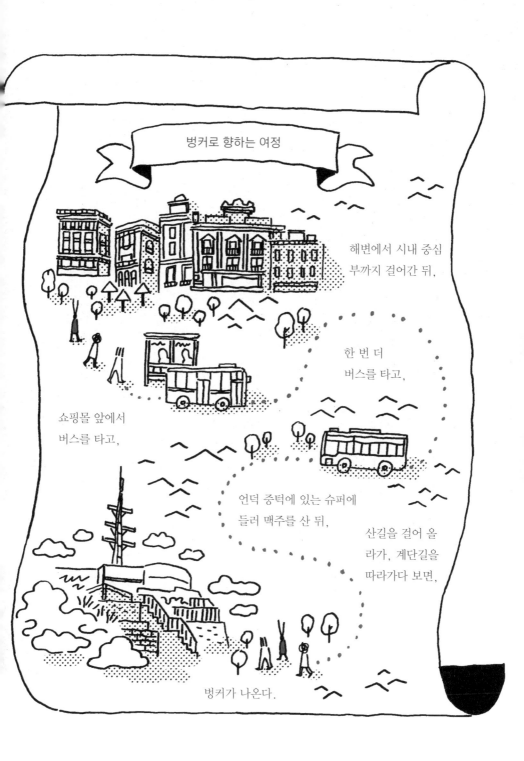

벙커로 향하는 여정

해변에서 시내 중심
부까지 걸어간 뒤,

한 번 더
버스를 타고,

쇼핑몰 앞에서
버스를 타고,

언덕 중턱에 있는 슈퍼에
들러 맥주를 산 뒤,

산길을 걸어 올
라가, 계단길을
따라가다 보면,

벙커가 나온다.

관광객들은 역시 높은 곳을 좋아한다.

불빛 하나 없이 컴컴한 땅을 더듬어 가며 재주껏 둘러 앉아있다.

바닥 한쪽 구석. 'TOURIST OUT!' 라고 적힌 그라피티가 외로운 싸움을 하고 있다.

내려오는 길도 구글의 지시를 따랐다. 올라온 길과는 완전히 다른 방향으로 좌표가 찍힌다. 가벼운 샌들로는 다소 부담스러운 닦이지 않은 산길로 우리를 보냈다. 국제적 대기업에게 살해당한다! 네 발과 두 발을 번갈아 가며 검은 산길을 내려간다. 거친 길을 겨우 빠져나오고 나니 그제서야 우리 뒤에서 비슷한 경로로 내려오는 사람들을 발견했다.

"와, 죽는 줄 알았다!"

얼마나 많은 사람들이 이 길 위에서 같은 원망을 했을까.

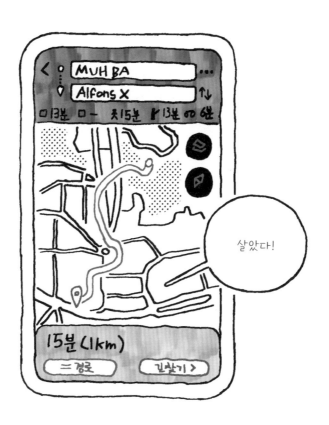

15

ㄱ ㅣ억ㅡㅣ ㅂㅍㅣ

팬케이크와 토스트, 쾌활하고 친절한 직원, 녹색으로 가득한 공원이 내다보이는 전망, 주인을 기다리며 얌전히 문 앞에 앉아 있는 강아지까지. 그림으로 그린 듯한 이상적인 카페 풍경이다. 아니, 이 정도면 그냥 그림이 아니고 #유럽 #카페 #강아지 #풍경 등의 키워드로 검색했을 때 나오는 셔터스톡 이미지 수준이다.

205

Triumphal arches

Arco de Triunfo

개선문

날씨가 좋아서 그런가, 아니면 그냥 요즘 유행인가, 바퀴가 굴러갈 수 있는 곳이라면 당연하게 스케이트보드 타는 사람이 많다.

in the city

도시별 개선문

개선문은 다양한 형태로 만들어져 왔다. 나라마다 조금씩 다른 미감을 보는 재미가 있는 건축물이다. 강렬한 붉은색의 거대한 아치. 쨍한 파란 하늘 아래 서 있는 풍경을 염두에 두었을 것이다. 이곳에서는 개선문 '바르셀로나 에디션'을 볼 수 있다.

풀숲 여기저기에 목걸이를 한 초록 앵무들이 있다. 공공기관에서 방목하여 키우는 새들인 걸까?

공용 탁구대가 있다. 탁구공과 탁구채는 개별 지참이겠지?

BORN CULTURAL CENTRE

2002년에 시장 재개발 과정에서 발굴된 1700년대의 시장 터다. 당시 유럽에서 가장 큰 규모의 시장이었던 만큼 다양한 일상 소품과 가정용품들이 발굴되었다. 한쪽에 마련된 전 시장에서는 발굴된 유적과 함께 과거 바르셀로나 사람들의 삶의 모습을 재현한 자료들을 볼 수 있다.

보른 문화센터(보른시장 터)

현장학습 단골 코스인 모양이다. 구석구석 지루해하는 학생들이 많다.
나도 중고등학생 때 이런 역사적 장소에 와서 지루해했던 기억이 난다.
그런데 요즘은 왜인지 이런 장소에 오는 것이 참 재미있다.
어른이 된 걸까, 꼰대가 된 걸까?

투어를 신청하면 유적지로 내려가 직접 걸어 볼 수 있다.

피카소 미술관에 갈 계획이었다. 하지만 예상보다 기다리는 줄이 너무 길었다. 마음의 준비 없이 한 시간 남짓을 밖에 서 있을 정도로 피카소를 좋아하나? 잠깐 고민한 결과, 피카소에 대한 애정이 부족했다.

몇 블록 떨어진 '프레데릭 마레스 박물관'으로 행선지를 바꾸었다.

Museu
Frederic Marès
프레데릭 마레스 박물관

1893~1991년 동안 조각가 프레데릭 마레스(Frederic Marès)가 수집한 컬렉션이 있는 박물관이다. 집착이라는 단어로 예문을 만들 때 반드시 들어가야 할 장소다. 조각품부터 공예품뿐 아니라 일상 소품까지 "너 이거랑 똑같은 옷 있잖아. 왜 또 샀어?"라고 말하는 부모님의 마음이 된다. "아니 똑같은 가위를 왜 80개나 더 가지고 있어?"라고 묻는다면 프레데릭은 "무슨 소리야, 완전히 다르거든?"이라고 할 것이다.

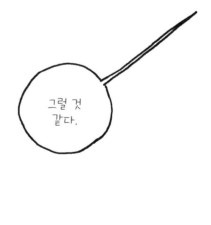

MUSEO
FREDERIC
MARES

방대한 수집품들을 보자 헛웃음이 났다. 재력을 기반으로 한 집착은 예술이 되는구나. 만원 지하철에 탔다가 내린 것처럼 피로감이 몰려왔다. 구체적인 부피감을 가진 기억들을 마주하는 경험에는 많은 에너지가 필요했다.

미술관 근처 숙소 호스트의 추천 맛집 리스트에서 본 디저트 가게가 있었다. 프레데릭 씨에게 호되게 당한 우리는 당분 섭취가 시급했다. 테이블이 몇 없는 아담한 가게다. 검정색으로 통일된 세련된 인테리어와 그에 어울리는, 크기는 작지만 정성을 많이 들인 케이크를 팔고 있다.

과일이 올라간
오페라 케이크

패션프루트
무스 케이크

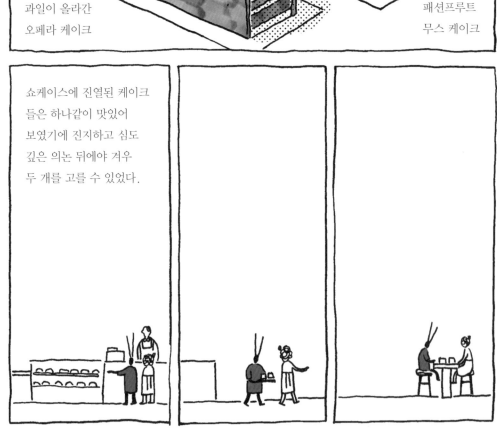

쇼케이스에 진열된 케이크들은 하나같이 맛있어 보였기에 진지하고 심도 깊은 의논 뒤에야 겨우 두 개를 고를 수 있었다.

서양 국가를 여행하다 보면 슬프게도
종종 해야만 하는 질문들이 있다.
"저 사람이 지금 내가 동양인이라서 이러는 건가?
아니면 그냥 누구에게나 나쁜 사람인가?"
놀랍도록 무례하게 행동하는 점원을 마주하고는
우리는 잠시 말이 없어졌다.

우리는 방금 겪은 일이 인종차별이 맞는지,
받아들일 시간이 필요했다. 다행(?)인가.
점원은 손님 모두에게 못돼 먹게 굴었다.

할머니한테
삿대질했어.

심하다.

봤어?

3일전, 멀리서 바라보고 지나쳐야
했던 사그라다 파밀리아 성당을
다시 찾았다. 입장권은 현장
예매도 가능하지만 온라인
에서 원하는 시간대를
골라 미리 구매하는
편이 안전하다.

까마득하게 높은 천장 안쪽. 별을 닮은 문양들이 빼곡하게 조각되어 있다.
가우디의 건축물답게 성당 내부는 살아 있는 생명체를 연상시킨다.
부드럽게 요동치는 벽을 과감하게 가로지르는 기둥.
고래에게 무사히 삼켜진 사람이 볼 수 있을 풍경이다.

온통 하얀색 재료로 조립된 매끈한 공간은 스테인드글라스를 통해
쏟아지는 색이 덧입혀지면서 완성된다 . 가우디는 처음부터 이 시간을
머릿속에 그리고 있었을까?

엘리베이터를 타고 첨탑 위로 올라갈 수 있다. 전망대처럼 이어진 공간으로 나가면 성당 외곽의 장식을 자세히 살펴볼 수 있다. 동글동글한 나무 열매를 쌓아 올린 듯한 형상이 사랑스럽다. 수고스러운 곳에 굳이 재미있는 것을 숨겨 놓는 마음을 상상하면 같이 즐거워진다.

DAY

16

작은 것들의 시간

숙소 호스트의 추천 리스트에 있던 카페에서 브런치를 먹었다.
솔직히 말하면, 숙소는 잘 골랐다고 하기 어려운 환경이었다. 소개 페이지에 공용 공간이라
고 올려 두었던 거실은 호스트의 사무 공간이었다. 편하게 이용하라고 말은 하지만, 편할
리 없다. 간단한 조리가 가능하다던 공간은 한 명이 쓰기에도 비좁고 더러워서 들어가고 싶
지도 않았다. 우리는 내내 현관 옆 작은 방에만 머물며 해리포터의 유년기를 체험했다. 이
런 숙소지만, 단 하나 장점이 존재했다. 호스트의 추천 식당 리스트였다. 그의 집은 미워도
그의 식당 고르는 안목은 미워할 수 없었다.

Museu Nacional d'Art de Catalunya

국립 카탈루냐 미술관

나는 들렸어.
먼저 가.

컨디션이 안 좋은 성만이를 카페 소파에 남겨 두고 카탈루냐 미술관으로 향했다. 에스파냐(Pl. Espanya)역에서 내려 언덕길을 따라 올라가면 계단 끝에 나를 기다리고 있다는 듯이 미술관이 눈에 들어온다. 힘든 길 끝에 찾아온 보상처럼 자리 잡은 모양새가 성이나 요새 같다.

몬주익 마법의 분수쇼

저녁에는 분수쇼를 하는 곳으로 유명하다.

다소 놀이동산스러운 이름이다.

1929년 만국박람회를 위해 건설된
건물을 개조해서 개관한 미술관이
다. 전시관은 크게 중세 미술과 현대
미술로 나누어져 있는데, 특히 로마
네스크 수집품이 방대한 것으로 유명
하다. 벽화가 그려진 구조 자체를 그
대로 재현한 전시 방식이 인상 깊다.

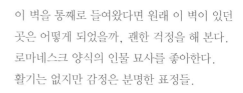

이 벽을 통째로 들여왔다면 원래 이 벽이 있던
곳은 어떻게 되었을까, 괜한 걱정을 해 본다.
로마네스크 양식의 인물 묘사를 좋아한다.
활기는 없지만 감정은 분명한 표정들.

내부 골조가 아름답다. 아치로 쪼개진 높은 천장을 가로지르는 시원시원한 기둥의 끝에는 오래 쳐다볼 수밖에 없는 섬세한 장식들이 꼼꼼하게 채워져 있다. 미술관 가운데에 조성된 작은 온실이 창밖을 가득 메우고 있다. 하얀 대리석 조각 위로 호쾌하게 뻗은 야자잎 모양의 그림자가 진다.

기력을 찾은 성만이가 미술관으로 찾아왔다.
미술관 근처, 가려고 했던 곳들은 입장 시간이 지났거나
지금 가기에는 애매한 시간이었다. 분수쇼 시간까지
딱히 할 일이 없어 목적 없이 빙빙 돌던 중, 높이 솟은
무언가에 이끌려 열심히 걸어갔다.

2011년에 문을 연 문화, 레저, 무역센터이다. 콜로세움같이 둥근 형태를 하고 있는데, 이는 건물이 세워진 장소의 역사를 반영한 것이다. 옛 스페인광장에서 발굴된 고대 투우장의 모습을 연상시키는 모습이다.

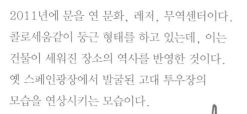

아레나스 쇼핑몰

폐점 시간이 다 되었다는 안내 방송이 나온다. 그러거나 말거나 축구 경기를 보는 사람들은 꿈쩍도 하지 않는다.

쇼핑몰과 그곳에 운영하는 전망대였다. 당연히 올라갔다. 관광객은 높은 곳을 좋아한다.

뉴스를 보니 경기는 이겼다고 한다.

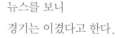

멀리서 내려다보는 세상은 유난히 남의 일처럼 느껴진다.
그래서 그런가, 풍경 속의 작은 사람들의 시간은 더 빠르게 흐른다.

전망대 한구석, 분수대가 살짝 보이는
방향을 향해 사람들이 몰려 있다.
분수쇼는 한 시간 정도 하니 서두를 것
없이 천천히 걸어가서 보기로 했다.

멀리서 풍경으로 바라보던 장소와
가까워지자,

시간이 다시 느리게 흐른다.

Day

17

당신의 일부

어제 갔던 카페에 다시 갔다. 우리는 호스트의 맛집 리스트에 좌지우지당하
고 있었다. 매일 아침 거실에서 속옷 한 장만 걸친 채로 요가를 하고 있는 그
와 마주칠 때마다 에어비앤비 홈페이지에 남길 장문의 후기를 떠올렸지만,
그가 추천한 식당에 가면 마음이 약해졌다. 초콜릿 소스에 잠겨 있는 팬케이
크와 부들부들한 가지 라자냐에 마음이 흔들린다.

구엘 공원은 시내와 다소 떨어진 곳에
있어 버스를 타야 했다. 장난감처럼
생긴 작은 버스는 관광객들로 가득하다.

그 많은 관광객이 모두 아는 사실을
우리는 몰랐다. 멀리 온 김에 더
멀리 있는 곳에 가기로 한다.

코스모카이샤

카이샤 재단이 운영하는 어린이 과학 박물관이다. 환경과 자연, 과학, 천문학 등을 설명하
는 상설 체험관 및 임시 전시를 볼 수 있다. 내가 방문했을 때에는 북극을 주제로 한 사진전
이 열리고 있었다.

당연히 어린이들이 많다. 우리 나이 또래 사람이
라곤 어린이들을 인솔하는 교사들뿐이다.
괜히 온 것은 아닐까? "성인 티켓 두 장이요"
라고 말하는 것이 조금 부끄럽다.

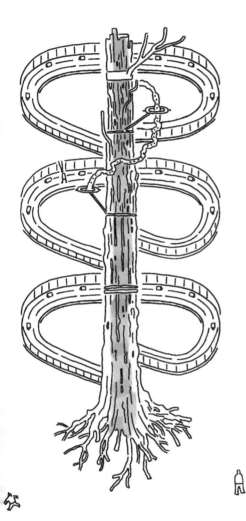

여러 물리 현상과
과학 원리를 설명하는
학습 기구들이 있다.
아이들 사이에 서서
차례를 기다린다.

거대한 나무뿌리 주의를 나선형 통로가
감싸 내려가고 있다. 나무 뿌리와 함께
지구의 연표가 적혀 있다.

사실,

이런 거 무척 좋아
한다.

이 박물관에 오고 싶던 이유다.
찾아오기 힘든 곳이고, 전시물이 다소 유치하게
느껴질 수도 있고, 소란스러울 수도 있다.

하지만 이 열대 온실 하나만으로 충분하다.
커다란 지구의 일부임을 확인하는 순간을
좋아한다. 근본적이고 변하지 않을 사랑을
받는 기분이다.

람블라 거리는
카탈루냐 광장(Plaça de Catalunya)과
크리스토퍼 콜럼버스 기념비
(Christopher Columbus Monument)
를 잇는 쇼핑 거리다. 필요한
물건이 있거나, 사지 못한
기념품이 있다면 이곳
으로 오면 된다.

람블라 거리

La Rambla

Mercat de la Boqueria
보케리아 시장

카탈루냐 광장 못지않
게 소매치기가 많은 곳이라 핸
드폰과 가방을 소중하게 끌어안고
걷게 된다.
여행이 얼마 남지 않은 시점이 되
면 슬슬 돌아갈 마음의 준비를 한
다. 슬슬 가족과 친구들 생각이
난다. 애매하게 일정이 바뀐 김에
람블라 거리로 가서 미뤄 두었던
선물 사기에 돌입한다.

람블라 거리 서쪽에 위치한 식자재 시장이다. 주로 청과물
과 정육, 해산물 등을 취급하기 때문에 여행자가 살 만한
물건이 많지는 않다. 그 자리에서 까 주는 신선한 굴이나
간단히 조리된 요리를 사 먹을 수 있다.

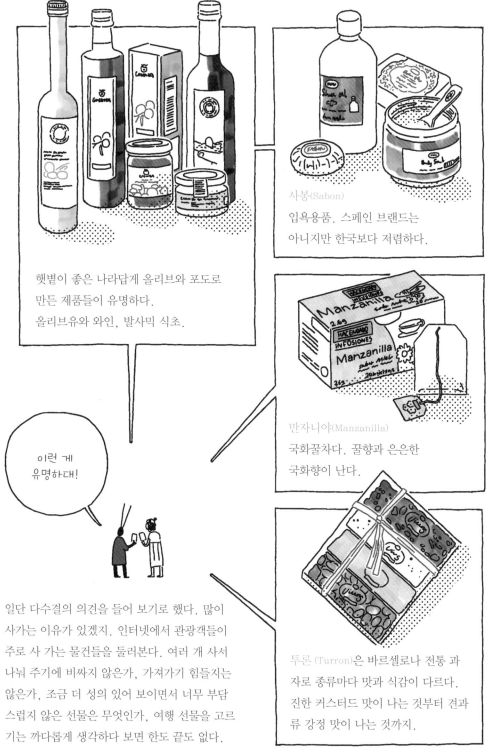

사봉(Sabon)
입욕용품. 스페인 브랜드는
아니지만 한국보다 저렴하다.

햇볕이 좋은 나라답게 올리브와 포도로
만든 제품들이 유명하다.
올리브유와 와인, 발사믹 식초.

만자니야(Manzanilla)
국화꿀차다. 꿀향과 은은한
국화향이 난다.

이런 게
유명하대!

일단 다수결의 의견을 들어 보기로 했다. 많이
사가는 이유가 있겠지. 인터넷에서 관광객들이
주로 사 가는 물건들을 둘러본다. 여러 개 사서
나눠 주기에 비싸지 않은가, 가져가기 힘들지는
않은가, 조금 더 성의 있어 보이면서 너무 부담
스럽지 않은 선물은 무엇인가, 여행 선물을 고르
기는 까다롭게 생각하다 보면 한도 끝도 없다.

투론 (Turron)은 바르셀로나 전통 과
자로 종류마다 맛과 식감이 다르다.
진한 커스터드 맛이 나는 것부터 견과
류 강정 맛이 나는 것까지.

아침부터 먼 곳까지 다녀오고, 사람들과 부대끼며 쇼핑을 했더니 허기가 진다. 그냥 허기가 지는 것이 아니라 가슴 깊은 곳에서 외로움에 가까운 배고 품이 올라온다. 그간 체력이 많이 떨어졌나 보다. 이번 여행에서 유난히 이런 허기를 자주 겪는다. 하지만 다른 방도가 없다. 이럴 때에는 꼭 한식을 먹어야 한다.

이탈리아에서 핸드폰, 프라하에서 가방, 독일에서, 벨기에서….
붐비는 거리, 소매치기를 경계하며 잔뜩 움츠린 사람들, 이미 큰일을 치르고
가방을 뒤집어엎고 있는 사람들에게서 각국에 남기고 온 나의 모습이 보인다.

DaY
18

시간은 금이요 돈이라서

에어비앤비 호스트의 맛집 리스트 투어 이틀째.
오전 10시. 이른 시간부터 대기줄이 있다. '바르셀로나 맛집'인가 보다. 와플과 연어라는 다소 의아한 브런치 메뉴를 주문했다. 와플은 달고 연어는 짜고 느끼하다. 그래도 맛있다. 그렇구나! 이 조합도 맛없을 수 없는 공식 안에 있구나. 첫입에 빠르게 납득했다.

The Sunday Market

주중에는 신선식품, 옷과 가정용품 등 다양한 종류의 품목을 취급하는 시장이지만 일요일
이 되면 커다란 북마켓으로 모습을 바꾼다.

빈티지 매거진, 다양하게 낡은 성경들, 정말 오래된 만화책, 덜 오래된 만화책,
팔아도 괜찮은 건가 싶은 도색잡지, 낡은 지도, 낡은 척하는 지도, 영화 포스터,
할인율이 높은 전문 서적들.

# of Sant Antoni

산 안토니 선데이마켓

기다란 지붕 밑으로 길을 따라 이어진 북마켓. 비가 오거나 햇볕이 내리쬐는 날씨에 구애받지 않는 야외마켓이다. 다만 둘러본 후에는 꼭 손을 씻어야 한다. 최대한 얼굴과 소지품을 만지지 않으려 노력하며 화장실로 직행한다.

티비다보는 다른 놀이 공원과 달리 종종 문을 닫기도 하기 때문에 홈페이지에서 영업일 확인은 필수다.

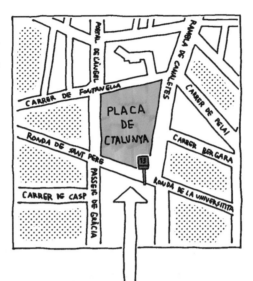

놀이공원 개장일에는 카탈루냐 광장에서 셔틀버스를 탈 수 있다.

광장의 정류장 앞. 각기 다른 사람들이 한 일행처럼 줄을 서 있다. 친구들끼리, 어린아이와 부부, 엄마와 딸, 연인, 대가족 단체 등. 들뜬 기분들을 실은 소풍 버스는 꽤 오랜 시간을 달려 도심에서 벗어난다. 멀미가 나는 굽은 오르막을 한참 오르다 보면,

이런 풍경이 보인다.

꾸벅꾸벅 졸던 사람들이 창문에 붙어 사진을 찍기 시작한다면 거의 다 온 것이다.

Parc d'Atraccions Tibidabo

티비다보 놀이공원

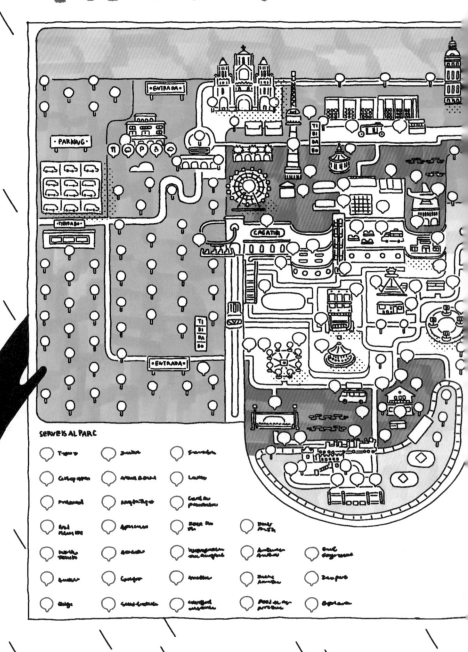

바르셀로나 티비다보에 위치한 놀이공원으로 1901년에 문을 열었다. 유럽에서 두 번째로 오래된 놀이공원이라고 한다. 20세기 초에 만들어진 최초의 기구를 아직도 사용 중이라고 한다. 그게 어떤 기구인지는 자세히 알고 싶지 않았다.

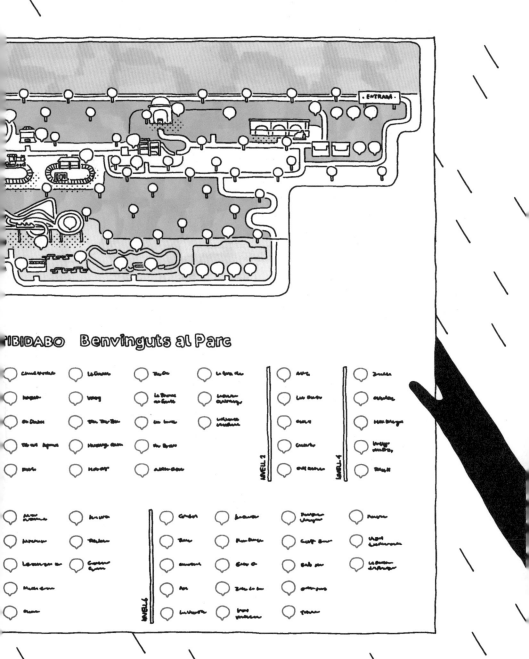

아담한 크기의 놀이공원이지만 있을 것은 다 있다. 날이 궂은 탓일까,
아니면 높은 고지대에 있기 때문일까? 매서운 바람에 관람차가
위협적으로 덜컹거린다.

따뜻한 추로스와 커피를
파는 매점의 줄이 가장
길다.

HOTEL KRÜEGER

호텔 크뤼거(유령의 집)

유명한 공포영화들에
등장하는 인물들이 방마다
기다리고 있는 콘셉트다.
공식 라이선스를 받았는지
궁금했다.

유일하게 오래 기다려야 하는 기구. 뭔지도 모르는
채로 일단 뒤에 따라붙었다. 입구가 보일 정도로
가까워지자 그제서야 비명을 지르며 뛰쳐나오는
사람들이 보인다. 귀신의 집이었다. 자발적으로는
단 한 번도 와 본 적이 없는 곳이다.

난생처음 들어가 본
귀신의 집이다. 네 발
동물이 되어 나왔다.

한 번 더!

한 번 더!

근데 얘가
나보다 나이가
많겠지?

사람이 적어 기구를 전세 내게 된다.
내리지 않고 버티며 앵콜을 외치는
사람들에게 직원들도 미련 없이
1+1 서비스를 제공한다.

난 내리고
싶은데….

티비다보의 전경을 카메라에 담으려 하니 시끄럽게 돌아가는 놀이 기구 뒤로 두 팔을 벌리고 우뚝 서 있는 예수상이 한 화면에 잡힌다. 당연히 놀이공원보다 연배가 높은 성당일 것이라고 지레짐작했지만 의외로 60년이라는 비교적 젊은 역사를 가지고 있었다. 60년 전에 지어진 성당 앞에 120년 전에 지어진 놀이공원 위로 언제부터 시작됐는지 모를 노을이 진다. 시끌벅적하며 반짝반짝한 나이테들이다.

저녁 8시. 광장으로 돌아오는 막차를 탔다. 노는 건 언제나 좋지만
이제는 조금 힘들다. 추천받은 식당에 가려면 지친 몸을 어르고 달래
20분을 더 걸어가야 했다.

꾸역꾸역 후미진 곳에 있는 식당까지 걸어왔다.

머리가 아닌 가슴이 시키는 대로 허기를 근거로 주문을 하자, 한상 가득 접시
들이 부대낀다. 올리브유에 바삭하게 볶은 새우, 연골 부분 식감이 독특한
양 어깨살 스테이크, 부들부들한 대구살 구이, 버팔로 모차렐라 풍미가 진한
샐러드까지. 스타터와 메인 메뉴가 순서 없이 동시에 나왔다. 우리가 배고픈
기색을 감추지 못했나, 성급한 서빙이 되레 마음에 들었다.

DAY
19

버킷 리스트

이른 아침 부랴부랴 구엘 공원 입장 예약 시간에 맞춰 뛰어가는 길.
포도당 없이는 관광을 할 수 없다. 버스 정거장 근처 카페에서 초코 크루와
상과 오렌지 주스를 샀다. 스페인에는 오렌지만을 착즙하는 커다란 주스기를
구비해 둔 카페가 많다. 눈앞에서 오렌지 한 알이 도로록 빨려 들어가 작은
컵 한 잔 분량의 주스가 되어 나온다.

 구엘공원 가기

단 이틀 남은 여행. 여행을 위해 짜 놓은 계획들이 버킷 리스트가 되었다.
이번 생의 마지막 스페인 여행을 하는 사람처럼 체크 리스트를 위해 뛰어다닌다.

바르셀로나 외곽에 위치한 공원으로 유네스코
세계문화유산으로 지정되어 있다. 가우디의
건축물이 있는 유료 구역은 예매를 해야 한다.
화려한 색상의 모자이크 타일로 장식된 중앙
광장 계단에는 연금술을 상징하는 도롱뇽
조각상이 자리 잡고 있다.

티켓 발급처에서 국적을 묻는다.
한글로 된 지도를 받았다. 이용하기에
편하진 않았지만 어플로 된 지도도
만들어 놓았더라.

인공 석굴에서 내려다보이는 곳에 학교가 있
다. 운동장 곳곳에 학생들의 프라이버시를
존중해 달라는 표지판이 있다. 여기에 학교를
세우는 것이 어떻게 허가가 났을까?

멋져!

공원의 역사를 간단히 정리해 놓았다는 경비원 숙소(Casa del Guarda) 앞에
줄이 길게 이어져 있다. 버터크림을 거칠게 올린 컵케이크 같은 저 지붕의
내부 구조를 꼭 안에서 살펴보고 싶었지만 상황이 여의치 않았다.
우리처럼 1분 1초에 치이는 사람들에게는 미지의 공간이다.

 핀초 먹기

핀초(Pintxos)는 스페인 북부의 바스크 지방에서 인기 있는 음식으로, 바나 술집에서 간단히
술과 함께 곁들이는 안주 메뉴다. 가게마다 제각각인 핀초를 구경하는 재미가 있다.

두세 입이면 끝나는 귀여운 크기다. 짜고 기름져서
생각보다는 많이 먹지 못한다. 낮술을 부르는 맛이다.
핀초는 사실, 꼭 바르셀로나에서 먹어야 할 음식이 아니긴 하다.
하지만 오며 가며 들여다본 식당들 한편에 각양각색으로 줄지어 있던 핀초는
꾸준히 내 눈길을 끌었다. 바에서 가져다 먹거나, 바 앞에서 하나씩 주문한다.

 무리해서 뛰어다니다 멀미하기

버스 타고 가다 토할 것 같아서 내렸다.

 엔칸츠(Encante) 가기

매주 월요일, 수요일, 금요일, 토요일에만 문을 여는 골동품마켓이다. 오랜 역사를 가진 시장이
지만 처음부터 이곳에 있던 것은 아니다. 오랜 시간 여러 장소를 거쳐 가며 열리다가 2013년이
돼서야 지금의 번쩍번쩍한 모습으로 자리 잡았다고 한다. 엔칸츠의 금속 천장은 거울처럼 번쩍번
쩍거려서(반짝반짝이 아니다) 멀리서도 알아보기 쉽다.

엔칸츠는 문을 닫는 날이 많아, 이래저래 일정을 맞추기 힘들었다. 여행 중 들르는 마켓에서는 여행자들은 골동품인 척하는 물건들을 꽤 자주 만난다. 엔칸츠에는 세월을 부인할 수 없는 물건들이 많다. 쇼핑을 끝낸 뒤, 절대 손으로 눈 주변을 만져서는 안 될 것 같았다.

지상층에는 동대문이나 남대문 도매시장과 비슷한 느낌의 매대를 갖춘 가게들이 있고 계단 밑의 넓은 공간에 더 자유분방하게 펼쳐진 장터가 있다. 가구, 옷, 소품, 책, 전자기기, 그 외에 분류를 정할 순 없지만 확실히 오래된 무언가.

물티슈 가져올 걸 그랬다.

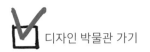 디자인 박물관 가기

엔칸츠에서 얼마 떨어지지 않은 곳에 바르셀로나의 디자인 박물관이 있다. 여러 지역 박물관을 합쳐 개관한 이곳은 2013년까지는 Design Hub Barcelona라고 불렸다.

MUSEU DEL DISSENY DE BARCELONA

디자인 박물관

바르셀로나 첫날, 정처 없이 걷다가 마주친 곳이다. 사실 박물관 옆에 특이하게 생긴 빌딩이 궁금해서 찾아가던 길이었다. 디자인이라는 간판에 원래 목적을 잊고 바로 발길을 돌렸더랬다. 가는 날이 하필 장날이다. 그날은 하필 휴관일이었다. 그리고 다시 찾은 오늘. 가는 날이 마침 장날이다. 오늘은 마침 무료로 입장할 수 있는 날이다.

오늘은 무료 입장입니다.

우와!

TIKET

총 4개 층으로 구성되어 있으나,
당시 4층은 점검 중으로 볼 수 없었다.
지하층에는 도서관과 카페테리아가 있다.

디자인 박물관은 'Museu del Disseny de Barcelona', 'Design Hub Barcelona' 등, 그 이름이 다양하기가 'South Korea', 'Republic of Korea', 'Korea' 못지않다.

1550년부터 2015년까지의 패션의 흐름과 역사
시대별로 유행하던 실루엣에 맞춰 변형을 준 마네킹을 활용한다.

20세기 장식 미술
섬세한 손길을 거친 공예품은 커다란 회화 작품과 같은 아우라를 가진다.

세계 제품 디자인의 역사
왜인지 다른 것보다 의자에 가장 눈이 많이 갔다. 딱 맞게 떨어지는 미감을 가진 의자들만을 갖춘 작업실을 상상해 봤다.

박물관 측이 바라는 바는 아니겠지만, 사람이 적고 한산해서 쉬어 가기 좋았다.

더 할 것 있나 생각해 보기

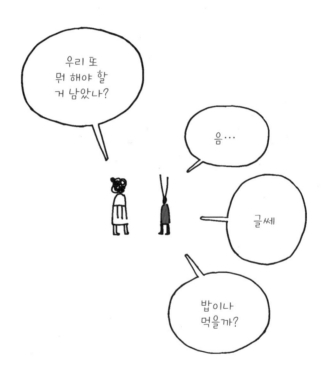

시간은 여유롭다고 생각하면 모자라고, 빠듯하다 싶으면 남더라. 허겁지겁
뛰어다닌 보람일까, 저녁이 되자 일없이 한가했다. 남는 것은 시간밖에 없는
사람이 되어 도보로 30분 거리의 식당을 찾아가 밥이나 먹는다.

Day

20

ㅁㅏㅈㅣㅁㅏㄱㅇㅡㅣ ㅁㅏㅈㅣㅁㅏㄱㄲㅏㅈㅣ

몬세라트는 바르셀로나를 찾는 여행자에게 인기 높은 근교 여행지다. 번화가를 오가는 전철처럼 기차 편이 많고 표도 구하기 쉽다. 하지만 몬세라트 여행 후기를 찾아 보면 그중에 굳이 이른 시간에 출발하는 일정을 꼭 집어서 추천한다. 오후 1시쯤 몬세라트 대성당에서 소년 합창단 공연을 무료로 볼 수 있기 때문이다. 여행 1일차였다면 당연히 아름다운 합창곡과 함께 하루를 시작하고 싶어 했을 것이다. 여행 20일째. 우리의 목표는 소박했다.

MONTSERRAT

몬세라트

카탈루냐 지방의 돌산이다.
아서왕의 전설에 등장하는
산타마리아 몬세라트 수도원
이 있는 곳으로 4대 성지 중
하나다. 파도처럼 굽이치는
역암 재질의 돌기둥들과 수
도원의 검은 성녀상과 소년
합창단으로 유명하다.

기차역에서 내리면

한 방향으로 가는 사람들을 따라간다.
산악열차를 타고 산 위로 올라간다.

중간에 정거장이 있었으
나 오르막길에서 기계의 힘을
놓치는 일은 없다.

나오자마자 시야를 압도하는 화려한 성당을 만나거나, 여기에 어떻게 가져다 놓은 건지 짐작조차 할 수 없는 거대한 조각상이 우뚝 서 있는 정상 풍경을 기대했다.

하지만 우리가 도착한 곳은 다소 휑한 평지였다. 물론 몬세라트가 웅장하게 내려다보이는 전망 좋은 위치다. 다만 내가 바라는 게 많은 여행자일 뿐이다. 정거장 앞, 몇 갈래의 길 중에서 고민하다가 사람들이 많이 가는 내리막길을 따라갔다.

돌산이 많은 한국과 비슷한 지형이라 그런가, 묘하게 익숙한 풍경이다. 극적으로 울렁거리는 산 밑으로는 갑자기 차분해진 평지가 이어 붙어 있다. 내려가는 길은 버석한 모랫길이라 설렁설렁 걷다가는 철퍽 넘어져 데굴데굴 구르다가 지나가는 낯선 사람의 부축을 받기 십상이다. 세상에는 아직 친절한 사람들이 많다.

30분 남짓 걸어 내려오다 보면, 몬세라트 대성당과 수도원을
마주 보는 전망대에 도착한다.

몬세라트는 자연경관 외에도 볼거리가 많다. 조금 더 체력이 남아 있을 때
오지 않은 것을 후회했다. 높은 고도인지라 차가운 산 바람에 우리의 집중력
과 의욕도 같이 날아갔다. 위대한 자연은 준비되지 않은 여행자를 가만히 두
지 않았다. 결국 합창단도 미술관도 보지 못하고 돌아가는 기차로 도망쳤다.
기차에서 내내 멀미를 했다.

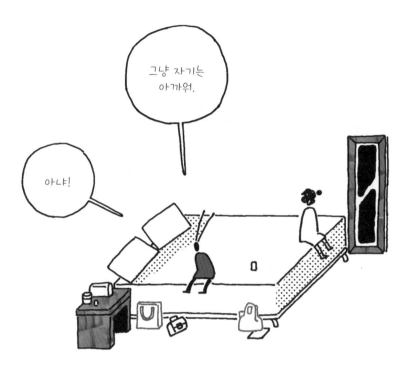

마지막 날이라는 이름이 주는 힘 혹은 미련함에 이끌려 침대에서 일어난다.
1년에 한 번은 여행을 다니고 있으면서 아직도 마지막이라는 말에 의연하게
대처하지 못한다.

부족한 체력으로 생각해 낸 '여행 마지막 밤을 특별하게 보낼 방법'은 그다지 창의적이지 않았다. 숙소에서 몇 블록 떨어진 곳에 있는 술집에서 알록달록한 칵테일을 주문했다.

몸살에 걸려 덜덜 떠는 사람이, 굳이 야외 좌석에 앉아, 첨가물을 잔뜩 섞은 술을 마신다면? 오랜만에 결과를 뻔히 아는 최악의 선택을 했다.

에필로그

책을 쓰기 위해 스페인에서 보낸 스무 날을 여러 번 되돌아보았다.
마트 앞에 있던 강아지 색깔까지 기억나는 날도 있고
이동 경로만 겨우 메모해 놓은 날도 있다.

나는 공항을 좋아한다.
체크인 카운터에 무거운 캐리어를 실어 보내고 가벼워진 손만큼이나
들뜬 마음으로 보안 검색대를 향하는 걸음.
"잘 다녀와. 도착하면 전화해"라고 하는 말들.
한국행 비행기를 기다리며 여행의 추억들을 갈무리하는 시간.

공항에서 있었던 일들은 (그게 설령 나쁜 일이더라도)
나중에는 낭만이라는 콩깍지를 통해
설레는 추억담으로 대충 퉁쳐진다.

아주 드물지만 말랑말랑한 설탕 코팅으로도
덮어지지 않는 기억들도 있다.
처음으로 기내식을 거절하고,
바닥에 눕고 싶다는 생각을 간절하게 했던 비행.
쓸 일이 있을까 싶던 기내 위생봉투를
생명줄처럼 붙잡고 버티던 시간.

스페인어로 숙취는 Resaca.
스페인어로 숙취는 Resaca······.

일러스트레이터 최지수입니다. 공간과 여행에 대한
이야기를 꾸준히 쓰고 그리고 있습니다.
오래전 바닷가에서 깨알 같은 갯강구를 보며 이런 생각을 했어요.
'나는 그저 작고 보통인 사람이지만 이야기를 멋진 그림으로
그릴 수 있는 재주가 있어.' 그때부터 정이 들어
'갯강구'를 필명으로 사용하고 있습니다.

갯강구 : 바닷가 바위 틈에서 흔히 볼 수 있는 등각류 동물로
수십, 수백 마리가 무리를 지어 산다.

갯강구 씨의 에세이툰
서른살에
스페인

1판 3쇄 발행 2022년 11월 20일 | 1판 1쇄 발행 2020년 08월 20일
글·그림 최지수
펴낸이 김상일 | 펴낸곳 도서출판 키다리
출판등록 2004년 11월 3일 제406-2010-000095호
주소 경기도 파주시 심학산로 10 | 전화 031-955-9860 | 팩스 031-624-1601
이메일 kidaribook@naver.com | 블로그 blog.naver.com/kidaribook
ISBN 979-11-5785-327-4(03920)

참
좋은날
참좋은날은 도서출판키다리가 만드는 성인 단행본 브랜드입니다.

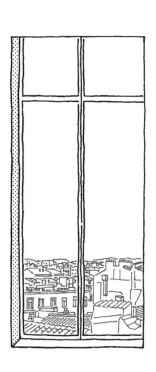

갯강구 씨, 오늘은 어디 가요?

2013년 겨울, 갯강구 작가의 한 달 간의 유럽 여행기

출간 2016년 7월 10일 | 152 x 210 | 무선제본 | 184쪽 | 값 11,500원